立人天地

成为母亲：
爱的蜕变之旅

Becoming a Mother
A Journey of Uncertainty,
Transformation and Falling in Love

【澳】丽萨·斯塔西斯 著
Leisa Stathis

张婕舒 译

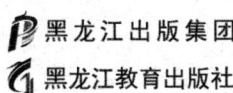

黑龙江出版集团
黑龙江教育出版社

版权登记号：08-2016-058

图书在版编目（CIP）数据

成为母亲：爱的蜕变之旅 /（澳）丽萨·斯塔西斯（Leisa Stathis）著；张婕舒译.
-- 哈尔滨：黑龙江教育出版社，2016.6
ISBN 978-7-5316-8744-3

Ⅰ.①成… Ⅱ.①丽… ②张… Ⅲ.①家庭教育
Ⅳ.①G78

中国版本图书馆CIP数据核字(2016)第131265号

BECOMING A MOTHER A JOURNEY OF UNCERTAINTY, TRANSFORMATION AND
FALLING IN LOVE by Leisa Stathis
Published by arrangement with Finch Publishing Pty Ltd through Bardon-Chinese
Chinese simplified translation © 2016 by Heilongjiang Educational Press Co. Ltd.
ALL RIGHTS RESERVED

成为母亲：爱的蜕变之旅
CHENGWEI MUQIN：AI DE TUIBIAN ZHI LÜ

作　　者	〔澳〕丽萨·斯塔西斯（Leisa Stathis）著
译　　者	张婕舒 译
选题策划	杨佳君
责任编辑	宋舒白　杨佳君
装帧设计	Amber Design 琥珀视觉
责任校对	周维继

出版发行	黑龙江教育出版社（哈尔滨市南岗区花园街158号）
印　　刷	北京鹏润伟业印刷有限公司
新浪微博	http://weibo.com/longjiaoshe
公众微信	heilongjiangjiaoyu
天 猫 店	https://hljjycbsts.tmall.com
E-mail	heilongjiangjiaoyu@126.com
电　　话	010—64187564

开　　本	700×1000　1/16
印　　张	14
字　　数	153千
版　　次	2016年9月第1版　2016年9月第1次印刷
书　　号	ISBN 978-7-5316-8744-3
定　　价	32.00元

谨以此书献给勃朗特（Bronte）和内特（Nate），是他们使我懂得成为母亲的意义，而且在我的学习之旅上分外耐心。

——丽萨·斯塔西斯

成为母亲：爱的蜕变之旅

目录

Becoming a Mother
A journey of uncertainty, transformation and falling in love

前言		1
本书介绍		3
第一章	很高兴认识你	1
第二章	挨过最初三个月	21
第三章	不喂母乳就是坏妈妈……和其他疯狂想法	35
第四章	"怀孕第四期"的心路历程	51
第五章	哭个不停的宝贝	63
第六章	合拍：母子之间的精妙舞蹈	85
第七章	婴儿的社交世界	99
第八章	这又是漫长的一天……	117
第九章	世上没有完美的妈妈	131
第十章	共同养儿育女的挑战	145
第十一章	育婴室里的"鬼魂"	159

第十二章	从你、我变为"我们"	175
第十三章	母亲们也需被呵护	189
后记		199
致谢		203
推荐书单		205

前言

记得四年前有一天,我带着三岁大的女儿勃朗特和六个月大的儿子内特坐在一家咖啡厅里。熙熙攘攘中,我注意到店里还有一位妈妈,也带着大概才出生四五周的小宝宝。我抱着内特,一边劝勃朗特点葡萄干别点松饼,一边不自觉地观察着这对母子。

我抿了一口卡布奇诺,注意到那个小宝宝慢慢醒了,开始抽泣。那位妈妈立即抱起孩子喂他喝奶,但小宝宝把头扭开了,轻轻哭了一声。那妈妈调整了一下姿势,尝试再次喂奶,但宝宝扭得更厉害了,把头甩来甩去,握紧了小拳头,大声哭了起来。声音之大,似乎盖过了咖啡厅里所有的嘈杂。旁边的人立刻露出厌烦而又饶有兴致的表情,直勾勾地注视着这对母子。周围的谈话声也变轻了,仿佛咖啡厅里的每个人都突然注意到了这个不停哭泣的婴儿。

我偷偷用余光观察着,当这位妈妈抬眼一瞥,我就立刻报以温暖的微笑,想以此告诉她,"小孩子嘛!都是这么棘手的!"但她并没看我,而是一直紧盯着怀里的孩子。我从她脸部和肩膀的动作看出了她的紧张不安,想必是缺乏睡眠,加上一直忧心忡忡,她看起来十分疲惫。这时,

一小颗眼泪从她的脸颊滑落。

我尽量不去看她。我知道,对一位新妈妈来说,有人围观你手忙脚乱地照顾孩子,是最糟糕的事了。但我又忍不住去看她,因为看着她就好像看到了我自己,看到了每一位我认识的母亲。试问,哪位妈妈看不出来,她正在挣扎着克服深深的疲惫,十分焦急,却不知如何安抚号哭的宝宝。这种烦躁不安的感觉可以被称作"母亲羞耻感",它让你悄悄害怕,害怕自己完全不擅长带孩子,觉得自己不如别人,甚至怀疑自己天生就有问题,当不了一个好妈妈。

以前,当我尝试着去理解这些和我们同样复杂的小东西时,我有多少次感到无比的孤单啊!记得勃朗特刚出生时,我也和这位妈妈一样,坐在咖啡厅里掉眼泪,怀疑这种挫败感会一直持续下去。

还好这种感觉后来渐渐消失了。但此时此刻,我能说些什么来安慰眼前的这位妈妈呢?我自己的经验又有哪些可以和她分享,帮她走好这段母亲生涯呢?我将在这本书里尝试找出答案。

本书介绍

那一刻有些不真实。我们期待已久的女儿、我的第一个宝宝，就要来到这个世上了。我魂牵梦萦这一刻有多久了？我是多么想要握着她的小手，我梦想着我们眼神交汇，就如同多年老友。很奇怪，我很兴奋，却又带着紧张胆怯，而且竟然还有些超脱世外。我不断告诉自己，真的，再过一两个小时，我就能见到女儿了。我一边走向手术室，一边让自己做好剖腹产的心理准备，满脑子都是纷乱思绪。我心里很开心，当然是很开心的，但也有一些别的情绪，说不太上来具体是什么。我觉得这一切都来得有点儿太快了，我还没准备好去迎接这个改变生命的大事件。

很快我就在手术室里一切准备就绪了，一瞬间，我突然感觉有上千只手在腹中拉扯。我突然迫不及待地想见到女儿，想听到她的第一声啼哭。猛地一阵刺痛，她就这样出生了，有人把她抱给我看了一下，随即就抱去洗澡和做评估了。我丈夫跑去看她，向我汇报着，"亲爱的，她很好，绝对是个美女。"儿科医生也马上说："十根手指，十个脚趾头，一切看起来都很好。"他的话就像令人感到安慰的赞美诗一样。

我虚弱地笑了，如释重负，满怀感激。但同时，也有一丝愤怒和忌

妒闪过我的心头。为什么他们可以比我更先去陪伴她？我要什么时候才能见她？我突然感觉子宫空空如也，现实告诉我，我和女儿原有的那种特殊、私密的纽带，现在要被大家共享了。过去九个月来，她在我的身体里孕育，她的每次转身、每次抽动都只有我知道，连我们的心跳都融为一体，仿佛是一个人一样。而现在，她是大家的了，人人都在看她，唯独我看不到。

我瞥了一眼麻醉师，问："我还要多久才能抱她？"他漫不经心地微笑着："很快。"他的全副心思都在工作上，或者是在想着下班后的那杯咖啡。和女儿分开的时光，我简直度秒如年。我又抬头看麻醉师，突然整个世界变得有些模糊，屋子的边缘都开始虚化了，我喃喃道："我有点儿晕……"

这一刻，我完全忘了孩子的事，只是挣扎着保持清醒，随即便被一阵始料未及的恐惧击中。我听到医生口中吐出"大出血""子宫不收缩"等词语，突然感到小腹的位置一阵忙乱。手术室里不再充满喜悦的期盼，取而代之的是全神贯注的肃静和紧张。嘀嗒，嘀嗒，时间一分一秒地流逝……慢慢地，我眼前的手术室重又变得清晰，我的头晕程度开始减轻了，尽管我还在虚弱地战栗，但已经感觉好多了。与此同时，一种从未想过的情绪正在发酵，我满心的欣喜期盼已经全部消失了，剩下的只有心烦意乱、了无生趣。

我丈夫突然出现，但他完全没留意到刚才发生的事。他怀里的小家伙被严严实实地包起来，只露出个小脸蛋，这就是我们的女儿勃朗特啊！她看上去享受极了，好像爸爸有天赋，知道怎样能把她抱得舒舒服服的，他俩在一起完美极了。我凝望着小勃朗特的眼睛，期待着立刻被浓情蜜意淹没，就像我在书中读到的那样，就像我一直梦想的那样。我等待着、等待着，却并没有等到扑面而来的爱意，取而代之的是一波又一波的麻木和困惑。我什么都感觉不到，她对我而言就像是个陌生人，应有的欣喜和激动迅速变成了未知和恐惧。

"你想抱抱她吗？"丈夫容光焕发地问。

"没事儿没事儿，我在发抖，我怕把她摔了。"我摇着头回答。

他又转头冲着熟睡的女儿微笑，几乎没有留意到我的迟疑。护士们挤在孩子周围，连连惊叹着她那小小的朝天鼻和细长娇弱的手指。在这片欢欣的氛围中，我又怎能去说出心中无法形容的感觉呢？我怎么能说我突然觉得很恐惧，并不是怕摔了女儿，而是怕看到她睁眼凝望我的那一刻？这个小家伙会明白妈妈完全不知道怎么照料她吗？瞬间，我被这未知的一切击败了。我美丽的小女儿要什么时候才会明白，她在"选妈妈大抽奖"中运气不怎么样？如今，我已当妈七年，终于可以卸下心头的大石说一句，虽然刚开始的时候我又木然，又惊恐，但现在我们母女俩的关系已经极其亲密了。这种变化不是一蹴而就的，更不是一见钟情的。父母养育孩子的过程是自然而然的，我们自然而然会按照学来的方法去做，但这样是有局限的。

生完孩子很多个星期后，我的母爱才开始闪现。在我给女儿喂奶或换尿布的一个个小小瞬间里，我开始惊叹于她柔软的小身体，开始相信她唇边若有若无的微笑只是为我一人绽开的，我的怀抱注定是她的港湾。原来我只不过是需要一段时间来认识到这一切。

我们家现在又有了一名新成员——一名叫内特的复杂的小家伙,他也和我一起走过了这段别样的旅程。这次旅程满载收获,却并非一帆风顺。我和两个孩子千百次地携手突出重围,有时候我们会连连误入歧途,我也经常在他们需要我时,表现得并不好。

当我现在回头去看他们出生后的最初几年,我总是很惊讶,原来我们已经走过了那么多风风雨雨。我们在第一年里面对的挑战似乎数也数不尽:分娩本身就很麻烦,医院也差强人意,还有哺乳时的沮丧,前几周深深的孤独,对着不停哭泣的孩子时束手无策的绝望……记得刚当妈妈的那几天,我问自己,"生儿育女不应该更容易一些的吗?"我原以为生完孩子,自己肯定会十分开心,但事实上,那段时间我总是沉浸在前所未有的疲惫之中,不停地暗暗怀疑自己不够好,但也只能把这份恐惧藏在心里。要知道,我认识的每个妈妈似乎都比我会带孩子多了,好像每个人都只是在谈论着怎么让孩子睡整宿觉,却没人说"当妈妈有多不容易""有些日子真是太难熬了"之类的话。

勃朗特刚一岁半的时候,我就重新开始私人执业做社工工作。此前十多年,我都专职做儿童青少年临床治疗师。再一次投入工作后,我发现自己和这些妈妈们又有了联系。她们勇敢地联络我,说出对孩子的担忧,但却很少公开说自己的育儿历程。而我刚跑完这场育儿马拉松、把孩子从嗷嗷待哺的小婴儿养成了蹒跚学步的幼童,此时能以全新的视角和悟性去看待这些女性。

她们经常带些惶恐地和我分享,说做母亲可能是回报最大、也最富挑战的一件事了。她们形容,产后第一年就好像刚搭完长途飞机,在机上一点儿觉都没睡,却发现自己已经降落到了一个语言不通的异国他乡。由于眼前的新鲜事物太多,她们经常无法切中要害。她们需要时间去找寻方向,不过之后就会发现,那些曾经陌生、艰巨的事,现在却可以游刃有余了。

不过,这些母亲还是对自己的恐惧讳莫如深,她们也基本上没机会、没空间去和别人分享这种焦虑。当孩子在她们肩头沉沉入睡,她们就登录匿名聊天室和他人"吐槽",或是独自一人默默排解。对她们来说,这种孤寂和自我怀疑是羞耻的,只能自己去承担。

然而,我在工作中也见证了不少美妙的故事。尽管困难重重,很多妈妈还是把亲子关系变得充满爱意、和谐美好。尽管她们分娩后也十分辛苦,长期睡眠不足,宝宝哭个不停,但其间也满是奇迹和欣喜,她们和宝宝越来越心灵相通。她们的亲身经历教给我们一件很神奇的事:宝宝们总是做好准备爱妈妈,反过来妈妈们也是一样的。养儿育女的道路,远远不像表面看到的那样布满荆棘,而是彼此相爱的过程。

《成为母亲:爱的蜕变之旅》这本书将带大家一起探索最初几年的育儿之旅,特别写给那些第一次走进这段旅程的妈妈们。在这条道路上,我们要冲破许多障碍,学习很多的东西,比如:身边有个不停号哭的宝宝是什么样的?最初几个月你和社会隔绝,睡眠被剥夺,要怎么挺过去?你和宝宝之间有什么神秘语言,你能不能学会?这段母亲之旅,不仅意味着你要过关斩将照顾新生儿,也意味着你要从心理上转变为一个母亲。

我希望本书不仅能带给你知识,也能让你认真思考,并将思考结果付诸实践。我最期盼的是,你能通过阅读获得思考空间,去想想孩子,想想自己,想想你们共同打造的关系……衷心希望你们能从最初几个月

用尽全力"挺过去"的状态,最终都变成从容不迫。

本书将分成不同部分,每个章节都包含不同育儿要素的知识和理论,对于我最感兴趣的情感纽带部分,我会着重叙述。我希望尽量将复杂的理论写得简单易懂、引人入胜,希望当孩子哭闹了一天,晚上十点你躺在床上捧起这本书的时候,能够很容易地读进去。每一章我都会尽量将理论和母亲们的真实故事融合起来,避免教科书式的阐述,力求带给你现实中的母亲们活生生的经历。

如果你想多了解一些关于情感依恋的知识(当然前提是你每晚能睡上四小时觉),这本书的注释里会有对相关概念更完整的阐释,最后的参考书目中也列出了一些很棒的书籍,你可以找来看看。不过,这些书不是必读的,对于许多奋战一整天、精疲力竭的妈妈们来说,你们只需要扫一眼,或者完全忽略这部分内容也没问题。

最后,每章结尾都会有一些供大家思考的小随想,这是我和其他妈妈们在育儿方面的一些想法和建议,它们并非"小贴士",也不是规范的育儿指南,不用严格遵从。你可能会觉得这些想法和你的经验相符而产生共鸣,也可能不会。在这段奇妙、复杂的育儿之旅中,我最先学到的,就是我们都拥有智慧,我们可能会在历经重重挑战后,发现自己懂得的比想象中更多。

关于父亲们

本书"旁若无人"地只写了当妈的旅程,焦点可能太过单一。其实这是因为我希望把自己作为女性和母亲的经验写得更有意义，所以就没尝试去探究一下父亲们的育儿之旅。事实上，目前很多文献也都只关注母婴关系，然而时下越来越多的爸爸们选择回归家庭当"主夫"，所以毫无疑问，我们有必要更多地去关注独特的"父婴关系"。

我绝不是想否定"父婴关系"的重要性，实际上，每当我看到丈夫和两个孩子之间那种美妙的关系时，我都知道这是十分独特而且极其重要的。其实，我在这本书中所写的许多内容都可以直接套用到父亲身上，不过譬如怀孕、生产、哺乳等，父亲们就无缘经历了。其实，父亲和孩子之间那种复杂的关系和特有的问题，值得大写特写，不过最好能由一位亲身经历过的爸爸来写成另一本书，而不是由我们妈妈来写。

母亲们的智慧结晶

就像我刚刚说的，这不是一本育儿指南。市面上已经有成百上千本的育儿佳作了，有专门写怎样喂奶、怎样安顿孩子、怎样哄孩子睡觉的各种书籍，涵盖了方方面面的实用知识。我大概读过其中的一半之多！

因此，当我刚开始写这本书的时候，我就希望能有点儿新意。我觉得实用技巧也很重要，有时我也会在书里写一些，不过我更希望能提供一片空间，让女性们去分享亲身经历，讲出她们面临的挑战，展现她们与生俱来的智慧，关注她们的情感历程。

书中的母亲们和你、我一样，每天都在经历育儿过程的起起伏伏，她们也会在书里讲出心底的故事。我把这些故事放在每章的"母亲智慧"

| 成为母亲：爱的蜕变之旅

小专题里，星罗棋布地遍布整本书。我衷心感谢很多母亲把自己的故事发送给我，在聊天室里积极回应我提出的主题讨论，并同意分享她们早期育儿的经历和体悟。因为如果没有她们勇于展现自己脆弱的一面，此书就将仅限于我一个人的经验。她们勇敢挑战育儿的最大禁忌，说出隐秘的事实——带孩子有时让人筋疲力尽，充满困惑和绝望。她们的故事也提醒我们，当你觉得自己不够好，甚至不知所措时，其实你已经做了许多特别棒的事情。我希望读者们可以从中看到自己育儿之旅的影子，找到同样的挣扎、转变和数不尽的喜悦。

其实，要在书里剖白自己的育儿历程，我还是有些胆怯的。因为作为临床治疗师，我们在病人面前一般都表现得泰然自若，殊不知我们也有软肋，育儿可能就恰恰展现出了我们的局限性。我希望，那些偷偷害怕自己不够好，因为自己偶尔的不完美感到羞愧的母亲们，在读过我的经历之后能明白，其实只要我们大部分时间做对了，最后就能成为一位"合格"的妈妈。"合格"就已经足够了。著名的儿科医生、儿童心理学家D.W.温尼科特①说过，那些"平凡而疼爱子女的妈妈们"虽然有许多不完美之处，但却因为她们对一个普通宝宝的爱，而成了非凡之人。我会在书中叙述育儿之旅的里程碑事件。这趟旅程的主人公——妈妈和孩子，原本是两个陌生人，但却在其中被爱改造了。

这是一个成为母亲的故事。

---

① 详见D.W.温尼科特（D.W. Winnicott）所著的《温尼科特：儿童精神分析实践者》（*Winnicott On The Child*），波士顿纽机豹莲卡波出版社，2009年。

第一章
很高兴认识你

Becoming a Mother

A journey of uncertainty, transformation and falling in love

成为母亲：爱的蜕变之旅

最近有句话很火，说"养一个孩子需要一个村庄的人"。而我怀疑，要培养出一个母亲，令她的自信心逐渐增长，帮助她习惯自己的新身份，是否也需要一个村的力量。

在生产的那一刻，出生的不仅仅是一个婴儿，还有一个母亲也随之诞生了。此前，怀孕的九个多月里，我们一直梦想着第一次见到小宝贝的这一刻。这个瞬间可能是充满喜悦的，也可能像我一样，充满麻木和焦虑。但无论怎样，此时的我们走进了人生中可能最为深厚的一段感情，而这段感情将会持续一生。

许多妈妈们谈论起孩子刚出生的时候，都会说就像异地恋的爱侣久别重逢一样。再度相见时，你会兴高采烈，新奇地用指尖去触摸宝宝柔嫩的皮肤。新妈妈们会喃喃地说："宝贝，没事儿，妈妈在呢。"她们会带着本能的柔情，把小婴儿稳稳地抱在温暖的臂弯里。最初几分钟那渐渐萌发的爱意，此时大概已成为澎湃的浪潮。她们面前的育儿之旅，就这样在柔情和欣喜中展开了。最初几天的感觉，就好像你匆匆披上最爱的居家服，这种生活的转变会非常舒服。你和宝宝会在顷刻间产生联结。哺乳也会很顺利，妈妈们虽然很累，但对于终于成为母亲这件事，会感到欣喜若狂。宝宝也会很快安顿下来，一切都很开心，也很简单。

但对有些妈妈来说，刚生完孩子的那段时间，可能会有一些意想不到的事情发生，可能会让人百感交集（我生勃朗特的时候就是这样）。在喜悦和放松之余，可能还会感到麻木和疑惑。最初几天，我们可能都会

有说不出来的焦虑——要怎么对待这个复杂的小家伙呀?

如果说,在十月怀胎的故事中,分娩是你期待已久的高潮。那么,刚生完的那几天,你就好像又进入了一个新的故事,却连人物和剧情大纲都还没搞清楚。你终于艰难地把孩子生下来,回到病房,突然就成了一个妈妈,身边还有个无助、经常哭的小婴孩。

你可能就此进入了这辈子学习曲线最为陡峭的一次历程。要学的东西太多了,你不仅要学带孩子的一般知识,而且因为每个宝宝都是独一无二、十分复杂的,你还得去摸索自己宝宝的独特之处。你会每天睡不够,喂奶也可能不顺利,七大姑八大姨会把一大堆彼此矛盾的经验砸向你,你会非常孤单……这些在初期都是很正常的。开心、新奇、睡眠不足、荷尔蒙起伏、尿布堆成山、各种建议、泪水、产后抑郁、串门的亲戚、肿胀的乳房、百日宴……这些都会接踵而来,甚至一拥而上,让你头大。仔细想想这些,许多妈妈都感觉不堪重负,这一点都不奇怪。

最陡的学习曲线

勃朗特刚出生住院的那几天,我的生活差不多就是这样。从最初的懵懵懂懂,到现在的许多新情绪,困惑和自我怀疑都快成为我最好的朋友了。我和丈夫史蒂文(Stephen)回到病房,开始了为人父母的新生活。当他抱起女儿,对着她柔软的小身体赞叹连连时,勃朗特已经成为世上最美丽的小婴儿了。我感觉身体恢复了一些,但仍然没有从分娩的战栗中完全恢复。我原以为生孩子是容易的,谁知却如此充满变数。我还没来得及跟史蒂文说说分娩的经历，一名助产士就突然出现了，问我："你准备好第一次喂奶了吗？"

"唔……行吧。"我边想边嘟囔着，"其实还没准备好。"助产士把勃朗特从我丈夫手里抱起来，她正迷迷糊糊地睡着，突然被惊醒，立马号哭着抗议起来。助产士把她放进我怀里，试着让她张嘴。可是勃朗特这时已经开始展现出她不服输的一面，一点儿也不喝，反而哭得更响了。"要不下次吧。"助产士叹了口气，匆匆走出病房，去处理下一张小嘴和下一对乳房了。

一小时后，她又回来了，说："来，让我们看看这次能不能喂她喝奶。"她把我的胳膊摆成奇怪的角度，还硬塞了个枕头在下面，可怜的勃朗特就好像挂在我的胸上一样。我轻轻对助产士说，"好像不太对。"而事实上，我觉得很疼。她看了看孩子嘴的位置，宣布说："不会的，她看起来挺好的，看到没？她嘴张着呢，不会痛的。"她是对的，哺乳的事我又懂什么呢？

那一晚，我和女儿独自待在病房里，第一波焦虑开始袭来。因为病房不够大，不能容纳丈夫和我们一起过夜，甚至放张椅子让他猫一晚都不行，所以他只能回家休息。我暗暗希望他能别走，甚至有一刹那想着要不要求他留下来。因为一想到接下来的十二个小时，只剩我一个人带孩子，我就恐惧极了。但是我并不想示弱，所以当他问"你可以吗"的时候，我一边挥手跟他道别一边说，"当然，没问题。"我重新躺回床上，病房一下子安静了。但其实我是应付不了的，孩子每次咯咯笑，每次吸鼻子，都会让我心跳加速。她开始哭了。由于刚剖腹产完几个小时，还不

能起身,我不知道要怎么去抱她。我按了按床头的呼叫器,轻轻对勃朗特说:"宝贝,没事儿,很快就有人来了。"但是护士们却没有反应,一刻钟后我又按了一下,仍然没有人理。差不多过了一个小时,才有位护士进来,她麻利地把孩子放在我怀里,就走了。不久,勃朗特睡着了,我开始感觉到她的重量,肩膀开始发疼。就这样过了差不多两个小时,我还是没法起身把她放回婴儿床,只好又按了呼叫器。终于,一位助产士步履匆匆地进来了,她看了一眼熟睡的孩子,摇了摇她的小脑袋说:"你不知道医院不允许大人和孩子一起睡吗?不安全。"

她把勃朗特从我怀中抱走,转身离开了病房。但是她的动作弄醒了孩子,宝宝开始哭了起来。

第二天,来照顾我的是另一位助产士,很是热心友善。但在怎么喂奶的问题上,她给出的建议和前一位完全不同。一天一天过去,勃朗特的体重不断往下掉,也显得越来越焦躁不安。我又问了另一位助产士,是不是该给孩子喝点儿配方奶粉,她说可以,但是又强调"母乳是最好的",告诉我应该继续坚持喂母乳。我顺从地答应了。医院的墙上满是宣传母乳重要性的海报,诸如"吃母乳的宝宝更聪明""喂母乳的妈妈和孩子更亲""吃母乳的宝宝免疫力更强"。医院内部的电视教育节目里播的片子也都是母乳、母乳、母乳……

在无穷无尽的母乳宣传节目中,也有一个关于父亲照顾孩子的节目,还有探讨如何与宝宝建立情感纽带的节目。但这些节目播放的次数特别少,我一直都等不到。也没有人问我,当母亲的感受如何,对宝宝有什么感觉。我觉得很累,太累了。第三晚,我试探着问医院的人,育婴室是不是开着，但是问出这话的时候我觉得极度愧疚，好像我抛弃了自己的孩子一样。助产士带着勃朗特匆匆离开了，只留下我整晚辗转反侧，不知道自己做得对不对。

住院的最后一天，助产士例行在一张纸上勾选出我已经学会的婴儿护理内容：哺乳，完成；安抚宝宝，完成；安全睡眠，完成；换尿布，完成；产后抑郁筛查，完成。我开始感到眩晕，但是在这种情况下，我又怎么可能开口告诉别人我正在被焦虑吞噬呢？我心底深处是那么害怕，因为我真的不知道要怎么去照顾孩子，对于每天要独自看管她十个小时，我更是感到十分恐惧。我的包都收拾好了，现在要提出这些问题似乎已经太晚了，也并没有人想到要问问我。

最初这几天，我已经痛苦地意识到，我不懂的实在太多了。宝宝哭了，要怎么办？宝宝咯咯笑、吸鼻子、呜咽，这些声音又代表着什么？我该给她换尿布吗？她要吃奶吗？尿布是不是这么包的？你说穿反了是什么意思呢？光线会不会太亮了？她盖着厚重的毛毯能正常呼吸吗？她肯定太热了，不，她肯定太冷了。我这样做对吗？我有一件事是做对的吗？

勃朗特出生之前，我只抱过两次小孩子，而且每次都是他们一哭，我就马上把孩子递还给父母。对于照顾小婴儿，我又知道什么呢？

面对孩子的需要，家长们不得不去做些什么，但对于许多新妈妈来说，该做"什么"并不是一目了然的事。母婴关系常被形容为世界上最自然不过的关系，但对于许多第一次当妈的人来说，最初几天她们可能会笨手笨脚，完全没有那种"自然不过"的感觉。

恰恰相反，她们还可能会觉得照顾孩子非常非常的难。

最初几日的住院经历

最初几天,新妈妈得到支援是一件意义重大的事,这对增强母亲的自信心和母婴关系十分重要,值得深思。

在产科大夫帮助下分娩的妈妈们,如果生的是头胎,大多数会在妇幼医院平均最多待上四天,剖腹产的则会最多待上五天。住院天数取决于一系列因素,例如你在哪里生的孩子、分娩的形式、母亲和孩子是否有并发症等,也要看不同医院的规定。过去十年间,女性产后在医院停留的时间变得越来越短,现在很多医院都可以选择提早离院,然后使用"产后家庭护理计划",由院方派助产士到家里探访。

医生一般会鼓励父亲留下陪夜,不过也要看医院和设施情况,而基本上每家医院的双床"家庭套房"都很有限。如果产妇是剖腹产的,医生可能会更加鼓励丈夫留宿,但许多医院却不会为其配备双床房,因为担心会影响产妇术后恢复。医院也会根据产妇的医疗保险承保范围,安排她们是住单人间或是和其他产妇共用双人间。

近几十年来,人们开始认识到,产后最初几天对于母婴关系建立是十分重要的,"母婴同室"已然成为标准,通常医院都把宝宝们放在妈妈床边的摇篮里。现在有些医院也提供"婴儿护理助手"服务,从夜晚十一点到第二天一早六点,可以有人在病房里帮你带孩子。有的医院也会有育婴室,妈妈们晚上可以把孩子送去那里托人照顾几个小时,自己回病房安心休息。

有些妈妈很幸运,分娩后最初几天可以由同一位助产士跟进,不过这要看医院的规定。有些医院还设有哺乳支援中心，有受过特别训练的助产士和哺乳顾问来帮助有哺乳障碍的妈妈们。不过很遗憾的是，在前四天的住院期间，许多妈妈和宝宝最多可能见到八位不同的助产士。八位助产士，意味着要建立八段不同的关系，代表着八种不同的哺乳方法，八种不同的临床态度，你的宝宝更是要适应八张不同的面孔。这就足以让你感到头晕目眩了，尤其对于许多激素水平飙高、睡眠不足的妈妈们来说，会真真切切地感觉到头晕。

母亲智慧
妈妈们的亲身经历

妈妈1：我恨极了那次住院经历，直到我们出院回家，我才感到女儿是我的。她是周六一早出生的，大概两小时之后，护士就进来把她抱走了，还说那样我就能睡一会儿了。我根本不想让她把孩子抱走，但又觉得自己不能说"不"。我真是一点儿也睡不着，一直在担心女儿好不好，担心护士把她和别的孩子弄混了。帮我接生的助产士非常好，但我之后就一直没见过她。

她们告诉我的哺乳知识也非常差，孩子出生那天下午就一直让我挤乳房，最后乳头都挤流血了，我现在知道了，这样做根本没必要。我讨厌这些护士想来就来、想走就走，给我一大堆建议，让我不能帮自己的孩子做决定。我生完第一天就想给女儿一个奶嘴，但是觉得不太好，怕护士会说。这一切都让我怀疑，自己能否当一个

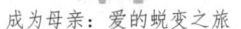 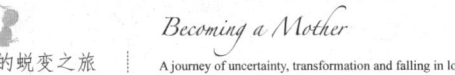

慈爱的好妈妈,因为我都已经开始感觉不堪重负,好像自己不应该生这个女儿一样。

我老公离开医院以后,我一整晚都在哭,一直到他第二天早上回来才好。三天后我被放回家,真的超级开心。直到回到家中,我才觉得开始和宝宝产生了亲情联结,才觉得她是我的,我想做什么都可以。我们后来在私密的环境里过着很棒的家庭生活,渐渐地去了解彼此。

妈妈2:差不多五个月前,我女儿出生的时候,我的住院经历并不好。医院里有好多不同的助产士,给的建议彼此矛盾,很多都很过时,让我十分困惑、泄气。她们来病房看我之后,很多次我都哭出来了。有个助产士让我别用吸奶器,说那样没用,也别给宝宝喂母乳,但另一个自称和哺乳顾问闲聊过的助产士就建议我,得把母乳挤出来喂宝宝。我等到第二天才见到哺乳顾问,因为她前一天正在休假,而我前一天直到下午四点才知道她在休假,助产士们也一直不给我吸奶器用。

我的乳汁下来得很慢,期间宝宝的体重一直在跌,或者头天长了八十克,第二天又掉回去了。他们为什么不建议在宝宝三周大之前用辅食喂养呢?过了六个礼拜,我的宝宝才长回到出生时的体重。下次生孩子我肯定在医院住两晚就回家,让助产士到家里探访比我住院强多了。在医院里,她们整晚都吵吵闹闹的,特别当小宝宝睡着了以后,你以为在下一次喂奶之前终于能稍微眯上两三个小时了，她们却还是不停在吵。我没有产后抑郁，但那时我觉得自己已经快要抑郁了，我觉得住院没有帮助。

妈妈3：我生孩子的过程极快，也非常痛苦（用了两个半小时），之后我就休克了，宝宝哭了两个小时。后来，刚刚为人父母的我们就和宝宝一起回到病房，开始喂奶，睡觉休息。第一次哺乳非常艰难，用了两个多小时，弄完的时候差不多都要吃早饭了，来看我们的人也陆续到了！

之后喂奶也一直很困难，住院的四天里，有六七个不同的助产士和哺乳顾问来给我演示要怎么喂（她们还把我的乳头硬塞进宝宝的嘴里）。每个人告诉我的都不一样，我被弄得越来越糊涂。那段时间我基本没有睡过，因为宝宝一直不停地哭，她们就不停地告诉我要喂奶，然后宝宝又会再次开始哭。那段日子就像在地狱里一样，我单独和宝宝在一起的时候，整个人都是吓呆的状态，因为觉得很无助，觉得自己很没用。

后来，我心怀感激地带着健康的宝宝出院了，希望在家有丈夫的支持，我能更加放松，后来我们回到家以后，也的确开心多了。

遗憾的是，很多新妈妈的住院经历都让她们感到困惑不安[1]，助产

---

[1] 研究显示，分娩后的最初几日中，令女性消除疑虑、建立母亲新角色自信心的支援非常重要。对此，持续照料是必不可少的。但是，大家通常的感觉是，医院人手不足令妇女对求助感到焦虑。——出自《英国医学杂志公开专栏》（*BMJ Open*）2012年2月的文章《婴儿喂养经历的系列定性访谈研究：当理想遇到现实》（*A Serial Qualitative Interview Study of Infant Feeding Experiences: Idealism meets Realism*），P.霍迪诺特（P. Hoddinott）等著。

士们不断轮班,给出的建议彼此矛盾,这些都会令她们丧失安全感,变得慌慌张张。她该听从谁的建议呢?当三位助产士告诉她三种不同的方法时,哪种又对宝宝最好呢?

然而,并非所有的住院经历都是负面的。如果最初几天,新妈妈身边的人都能深明与宝宝建立关系的重要性,给她的都是满满的鼓励、无微不至的支持,并将过往母亲们的智慧结晶传授于她,又会怎么样呢?住院时的良好体验,能让之后的育儿之旅有个更好的开端吗?

关爱母亲、宝贝和他们的亲情纽带

我的两个孩子都是在大型妇幼医院出生的,分娩后我都选用了个人住院护理服务。我在前面的章节透露过,这段经历中很多地方都令人感到无助、不安,但其实也会有很多积极正面的地方。有一些特别棒的助产士,就像镇痛药膏一样,能安抚我缺觉、破裂的神经,她们好像天生就知道什么时候应该帮我,什么时候应该退避三舍。她们不仅给了我哺乳和育儿的有用建议,也给了我适应新角色的空间。看得出来,她们想要了解我分娩的经历,在我叙述的时候,也都十分耐心地聆听,并给出充满智慧的反馈。当我笨拙地尝试照顾孩子的一些最基本的技能时,她们都一样地鼓励我。最重要的是,她们以其独特的方式,和我的宝宝交朋友,不会去侵犯我和宝宝建立的纤弱关系,而是帮助我去加固它。事实上,当我苦苦挣扎着去养育孩子的时候,她们已经先行养育了我,是她们的关照轻轻抚平了我紧锁的眉头。

这些女性简直就是无价之宝,她们给出的关爱在新妈妈们前行的路途中,有着极其重要的影响。许多女性表示,她们的住院经历很不错。是这些内心柔软且经验丰富的助产士们,不仅提供了照顾新生儿的知识,还对妈妈们的经历感同身受,谅解宽容。许多妈妈都是在她们的帮助下,和宝宝建立起了亲情关系。

母亲智慧
妈妈们的亲身经历

妈妈1:我很爱我生孩子的那家医院,我想不到它有任何不好的地方。我刚生完女儿不到一个小时就给她喂奶了,医院也很重视我其他的分娩愿望。我遇到的所有助产士都非常可爱,完全按我的要求照顾我们。她们很专业,很懂"妈妈的需要",从不逼迫我,满足我的各项需要,从早到晚都乐于答疑解惑。

在产前和产后,我都有很多机会去上哺乳及基本护理培训班,医院每月都会举办一次这样的班,另外还可以参加咨询会。病房也很棒,我们有一个设备齐全的私人病房,里面有两张床……吃得也很好。我一共在医院住了六天,最后我还要求多待一天,因为这样的话,出院那天我丈夫正好休假,院方也很乐意地答应了。我女儿一直在我身边,只有第一晚有几个小时不在,因为我需要稍微休息一下。

妈妈2:我是直到助产士在我休息好后,进入病房,告诉我该怎

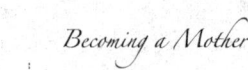

么给宝宝喂奶、换尿片、洗澡，我才开始感觉和宝宝有了关联，我猜这是因为直到那时候，我才觉得能掌控一点儿局面，有点儿知道要怎么做。这都多亏了助产士们，后来我每次醒来给女儿喂奶的时候，都觉得十分享受，因为又能拥抱她了。助产士在我喂奶时走进病房，夸我能一个人搞定的时候，我觉得十分高兴。

我在医院住了四天（这是生头胎的标准住院时间），要回家的时候其实感觉很伤心，因为我还有着"天啊，到底要怎么照顾宝宝？"的念头。助产士们在住院期间给了我满满的支援和鼓励，让我感觉自己知道要怎么做。但一回到家，我觉得和宝宝的纽带又消失了。之后几晚，随着我渐渐能在安静的婴儿房里单独给孩子喂奶（妈妈和老公也在家，随时可以帮我），我才重又真切感觉到和她的亲密关系。

养孩子需要一整个村……但要明智选择这个村

初期陡峭的学习曲线告诉我们，这次旅程如果有人同行，就会省力得多。最近有句话很火，说"养一个孩子需要一个村庄的人"。而我怀疑，要培养出一个母亲，令她的自信心逐渐增长，帮助她习惯自己的新身份，是否也需要一个村的力量。最初的日子里，我们需要善意、鼓励，需要他人的智慧和帮扶。这些令我们能够泰然自若地对待恐惧，能够从乱成一团的时光里找到作为母亲的闪光之处。

也许妈妈们最大的挑战，是要明智地选择这个"村庄"。太多的信息是没有帮助的，互相矛盾的建议更可能会破坏我们本就岌岌可危的自信。如果你的"村庄"里充斥的建议或评判，让你觉得自己第一次当妈做得不怎么样，那这就可能不是合适的村庄。事实上，如果你每天都能搞定喂奶，在各种情形下都能成功哄宝宝入睡，能忍受孩子的哭闹，那你已经做得不错了，不对，应该说，你已经做得超级棒了。

你不用什么都懂……真的不用

当我闭上眼睛，眼前就会出现过去的画面。那是半夜一点，我独自在病房里照顾我们的第二个孩子内特。他一直在哭，不想睡觉，不想被裹在襁褓里，也不要我抱。他是饿了，我已经按了呼叫器，想叫助产士来帮我给孩子喂奶，但等了四十分钟还是没有人来。我试着自己泵奶，虽然我知道孩子很着急，但还是只泵出了可怜的十二毫升。我想抱抱他，但还得继续泵奶。我想去助产士那里拿一点儿配方奶粉，但我没法把孩子抱出病房，因为他的哭声会吵醒所有人。怎么办？我是那么优柔寡断，什么都不敢做，我急哭了。

我衷心希望时光能倒回那一刻，我想拥抱那时的自己，轻抚她的脊背，告诉她："没事的，你可以搞定，我知道现在你肯定觉得很艰难，但你会做到的。慢慢来，你不用什么都懂。"

什么？！我不用什么都懂吗？

这个道理看起来那么简单，那么显而易见，但那时，我心中全是完美主义和自我评判在作祟。从第一天起，我就给自己施加了惊人的压力，要求自己什么都懂，始终在担心我做的每件事都是错的。因为这

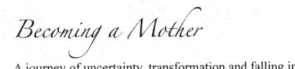

样，我眼前的道路变得漫长了许多。事后我才发现，我的自我怀疑是有代价的，它不仅令我最初为人母的日子充满焦虑，也使我对勃朗特和内特的本质视而不见，他们本身都是那样美丽的小婴儿啊。这种"我不够好"的想法，阻碍我变成我所渴望成为的那种家长——慈爱、关切、镇定自若的家长，它令我走过了一段孤单的旅程。

最初那段日子，我几乎没有向别人诉说过内心的疑虑，外表看来我是一个自信的母亲，但其实内心十分不安。我现在可以看清了，那种令我沉默的羞耻感，那种"我不够好"的感觉，可以被凭空放大无数倍。而如果我敢于把这些情绪暴露出来，也许它们仍然会存在，但一定会退居为背景杂音，并伴随我自信心的增强，慢慢淡去。我多么希望当时的自己也能明白这些……也能明白事情会往好的方向发展，我们也会越来越好。宝宝在成长，我们，其实也在成长。

记住：这是一场马拉松，而不是全速冲刺

对于培养父母和孩子之间的感情来说，分娩后的最初几日可能重要到了令你难以置信的地步。本章的"母亲智慧"故事中，妈妈们讲述了在妇幼医院里种种或正面或负面的经历。当我在聊天室提出这个话题时，妈妈们一致指出，下述这些经历会有损她们为人母的"初体验"：

- 助产士们在喂奶、母婴同睡等方面给出彼此矛盾的信息。
- 由于医院缺乏供母亲们互相接触、分享经历的公共活动区域，她们感觉被隔离。

- 医院职员质疑母亲们在育儿方面的决断能力,令她们感觉得不到援助。
- 回家后没有机会提出以及分享育儿过程中的担忧。
- 许多受访者还提出了其他的不良经历,包括病房吵闹、助产士不断轮换、不停被人打扰、空间太过狭小封闭以及没有足够地方让丈夫们留下陪夜,以致父亲们不能分担辛苦并与孩子建立感情等。

我们并不确定这些因素是否会对亲子关系产生直接影响,但对许多女性来说,产后初期的经历必定会在她们心中留下或正面或负面的影响。

你们一定要记住,这段日子只是你和宝宝一辈子感情的开始,不会一棒子打死,决定你们将来的关系如何,决定你能否当个好妈妈。这段日子可能充满泪水,充满磨砺,甚至令你觉得自己很无能,但这都没关系。你刚开始尝试喂奶的时候,可能动作很别扭,可能还要借助奶瓶,你可能连换个尿布都手忙脚乱,这也都没有关系。你的宝宝已经开始用全身心、用一辈子去爱你,重要的是,你也要一样爱他。

一些随想

- 许多妈妈们的分娩经历都超出预计的艰难,甚至可以用惨痛来形容,这会令她们早期的育儿历程黯然失色,改变她们对宝宝的感觉。在熙熙攘攘的产科病房里,她们也几乎没有机会去处理这些情绪。要是这种淡漠麻木的感觉一直持续,或是你发现自己一直在反复琢磨分娩的事,你就应该找一个信任的人一起处理一下,这十分重要。要想从对宝宝的麻木感中突围，你也许只需要讲出自己的经历。

- 在住院期间，你就要决定谁的意见应该听从，谁的意见又应该忽略，回家之后就更是如此。你在这一生中，会得到千千万万条关于所有事情的不同建议，从哺乳姿势到青少年该不该喝酒，简直应有尽有。现在你就应该开始抉择，应该听从哪些人的意见。

- 寻找一位好的助产士就像淘金一样，如果你遇到的助产士既善良，又能提供支持，给的建议都很有道理，那就赶快记住她们的智慧话语，而对于那些不能帮助你变得自信、不能让你和宝宝变得心灵相通的意见，就直接忽略吧。

- 即使你没碰到好的助产士，也可以找一个值得信赖的朋友或家人，让他为你加油鼓劲。第一次当妈（甚至是第五次当妈都）是一项巨大的责任，需要有人鼓励你不断前行。

- 当我们踏上育儿之旅，开始面对沿途的各种挑战后，我们身处的这个小村庄会不断更迭壮大。所以仔细选择村庄是很重要的，你要让其间充满有助你寻获自身智慧的鼓励话语，要有人告诉你，尽管你不完美，但你已经漂亮地完成了这么多事情。

- 还有，别把喂奶看得太重，当你觉得喂奶很别扭、不舒服或是奶水不够的时候，记得对自己耐心一些，这些事都需要慢慢调整。许多女性都需要优秀的哺乳顾问提供大量帮助，才能渐渐步入正轨。还有不少的妈妈们就是没办法成功喂奶，那与其每天花几个小时泵奶，惧怕着第二天的痛苦，还不如充满爱意地凝望宝宝捧着奶瓶喝奶。

- 出院回家之后，你可以写下一点儿感想，如果太累的话，也可以只写一两个概括的词，这能帮助你活在当下，也让你有一些空间去思考此时淹没你的情绪。最重要的是，你要知道所有的情绪都是正常的，最初感到困惑、恐惧、筋疲力尽、麻木这些情绪，就好像感到高兴、愉悦、得意扬扬一样正常（而且这两方面的情绪通常会在同一天出现）。

- 找一些时间，就这么坐下来陪着你的宝宝。抱着他们，凝视他们的眼睛，触碰他们的小手，轻抚他们的脸颊，这样和宝宝独处的时光是十分宝贵的，对你们的情感发展也大有裨益。

- 要记住，最初的日子只不过是开端。六个月之后，你的育儿经验、对宝宝的了解都将大大超过现在，现在的痛苦都会过去的。

第二章
挨过最初三个月

Becoming a Mother

A journey of uncertainty, transformation and falling in love

成为母亲：爱的蜕变之旅

　　试想一下，如果你换了份新工作，每天平均只能断断续续睡上四个小时……试想一下这份工作十分复杂，当你试着去学的时候，几乎没有人可以去讨教，没有人可以问一句"我这样做对吗？"，这是极富挑战的一件事，而且对许多人来说，也是十分孤单的。

妈妈们出院了，把此前或好或坏的经历抛诸脑后，回到家，开始了和宝宝们的新生活。对许多妈妈来说，这令她们松了一口气。躺回到自己的床上，舒服地待在自己的地盘，身边都是家人或朋友，这能让你找到自己的节奏去订立和孩子的生活模式。哺乳也慢慢步入正轨，你也开始能或多或少掌控睡眠情况，并渐渐开始习惯二十四小时地去照顾一个小生命。

对一些女性来说，这一切发生得很快很自然，她们生完孩子几个礼拜，就能自如地装好婴儿包，重新走出家门投入生活。但对另一些妈妈们来说，这个过程要花费更多时间，期间可能充满起伏，还会有许多泪水。我记得勃朗特出生后几个月，我和其他妈妈开玩笑说，最初几周"我家沙发上有好多眼泪……里面不少是我的"。我说这句话的时候在笑，但内心仍然抽搐了一下，因为最初几周实在是太艰难、太孤独了。

终于到家了……现在我该怎么照顾你呢？

许多家长会告诉你，最初三个月可能是生完孩子的前几年里最艰难、最可怕的一段时间，有人把它叫作"怀孕第四期（fourth trimester）"。

这段时间你几乎睡不了什么觉,哺乳会令你焦虑疲惫,而快速交替的"睡觉—喂奶—换尿片"往复循环则会让你精疲力竭。如果你还有其他小朋友要照顾,加上家务活、家里来客人等,你会觉得最初这几周超级漫长。

这段日子可能会打击到许多新妈妈的自信心,令人不知所措。我们都以为的自己那种自然而然产生的对宝宝的浓厚母爱,可能会被这段痛苦的日子削弱。

母亲智慧
妈妈们的亲身经历

妈妈1:我们生女儿是在计划内的,我迫不及待想要见到她,然而当她出现在我面前的时候,所有我以为会"自然发生"的事情全都没有发生。如果我从最开始就知道,分娩完成绝不意味着你已经做好了当家长的准备,那我可能会处理得好一些。但我原来真以为她会"蹦出来",然后一瞬间所有照顾孩子的知识都会在我脑子里"解锁"。我真是不知道我那时候在想些什么,现在我每天都在学,许多时候我都快被大量不懂的东西压得喘不过气来了。

妈妈2:分娩后的第一晚很可怕,女儿哭了又哭,完全不肯好好喝奶,我也狠狠地在哭,觉得自己犯了人生中最糟糕的错误。这样的情况大概持续了一周。现在女儿是我的整个世界,我从来没有这样爱过一个人。但此前怀孕的那九个月,其他妈妈们都告诉我,她们生完孩子的那一刻，就超级爱她们的宝宝了，这令我觉得羞愧极了。

妈妈3：我儿子出生后的第二周就能从晚上十点、十一点一直睡到第二天早上六七点了，所以我很幸运，从来没有睡眠不足的问题。如果我也跟别人一样睡不了觉，那我肯定不行了，因为我的产后抑郁不是持续了几天，而是好几个礼拜。我就像僵尸一样，我老公会把孩子抱来给我喂奶，喂完之后马上抱走。我当时其实应该咬咬牙找婆婆帮忙的，她起码可以照顾我们，但那时我却自尊心作祟。不过，过了几周后，一切就变得容易了。唉，到底是事情变容易了，还是因为我更理解孩子、更能满足他的需求了呢？我不知道。看着宝宝还没长牙的小嘴裂开，绽放大大的笑容，一切就都好了。

妈妈4：我先是生了一对双胞胎，但第一年我是怎么带孩子的，我已经忘得差不多了。有时候照片可能会唤起我的回忆，但所有事情都是模糊一团的。那句老话"长日漫漫，岁月如梭"果然有道理，他俩不久前都已经满六岁了。

我记得前几个礼拜，我都试着自己去搞定一切，后来就直接哭着给我妈打电话了。她半点儿没犹豫，就收拾好行李过来帮我了。开始的六个月，她每个周二、周四、周五、周六，甚至周日晚上都会住在我家帮我。

我没法打扫房子，也基本不能煮饭，有时几天洗不了澡，全靠我妈的帮忙，要是没有她，我根本不知道要怎么办，真不知道生多

胞胎的父母们不靠别人帮助怎么行。那时候我就像丢了魂一样,都觉得已经快要放弃自我了。现在我又有了一个女儿,这次有了经验,我就自信多了,但还是会为之前错失的一切感到很难过。

妈妈5:我生第一个孩子之前,就知道产后肯定会睡眠不足,但我从没想过会这么严重。我一直是那种不睡觉就没法正常运转的人。后来生二胎的时候,我可以算是老手了,但还是靠着"这同样也会过去"的信念才度过的。我知道不眠之夜是会到头的,所以我基本是一直死撑到了他们睡整宿觉的那一天。后来我发现,如果我相信直觉,接受眼前这一切,前三个月就会过得顺畅很多。生二胎的时候,我就直接忽略了"孩子哭的时候别理"这条破建议,也(部分)忽略了"母乳喂养好"的理论,坦然接受给孩子喂配方奶粉。我放了自己一马。

妈妈6:最初三个月的记忆对我来说已是一片模糊,生活里仿佛是无穷无尽的起床、喂奶、孩子哭、换尿布、赶紧补会儿觉、又喂奶、又哭了……有时候我几天都穿着同一套睡衣。开始几周我哭了很多次,因为觉得好孤单,不知道要怎么办,后来就好了。现在我已经很难记起当时有多辛苦,但我知道那时我真是累坏了。

妈妈7:我觉得最初几周的感觉取决于很多因素,不知道为什么我会感觉这么不堪重负——远远不止是震惊和睡眠不足。我天生是个悲观主义者,韧性也不怎么强。我真正亲密的朋友里只有一个刚刚生了孩子，其他的朋友一个孩子已经大了，另外三个都没有生娃，所有人都在工作。我妈住的地方大概距我有一个小时的路程，公公婆婆都在上班，虽然老公一直很支持我，但他也要工作，所以我当时觉得非常孤独无助。还有一个令我感觉不堪重负的原因是，未来实在太虚无缥缈，我感觉自己会一直这样生活下去，现在六年过去了，我还是活在那时的阴影下。我全身心地爱着我的孩子，甚至可以为他去死，但我也曾有过矛盾和怨恨，所以现在我无比自责。

两大折磨：长期睡眠不足、社交孤立

当我让妈妈们回想刚出院回家的那段时光，她们说的内容都大同小异，通常都会说到因缺觉产生的持续、噬骨的困倦，还有意想不到的社交孤立。这两项的影响可以说是十分巨大的。

试想一下，如果你换了份新工作，每天平均只能断断续续睡上四个小时……试想一下这份工作十分复杂，当你试着去学的时候，几乎没有人可以去讨教，没有人可以问一句"我这样做对吗？"，这是极富挑战的一件事，而且对许多人来说，也是十分孤单的。这其实就是我们许多人第一次当妈妈时的真实体验，你没法好好睡觉，很多人甚至连一丁点儿觉都睡不了。你在家和宝宝待一整天，就好像被扔到另一个星球上，其他所有人都消失了。

我觉得在勃朗特出生之前，我并不能真正理解每天都不能好好睡觉是一种什么体验。刚开始住院的那几晚很累人，出院回家住了几周后，这种疲倦感竟然开始落地生根了。第八周的时候，我心心念念只想着怎

么让勃朗特睡整宿觉。有同岁孩子的几个朋友，不知道怎么就破解了这道神奇的方程式，偶尔竟然能让宝宝安睡一整晚。我不停追问她们，希望解码她们的秘籍，知道她们是怎么解开这道睡眠谜题的。我读了大量号称可以给出答案的书，但始终没能解开谜团，直到勃朗特大概四个月大的时候，突然开始睡整宿觉了。但内特是到了十六个月大的时候，才第一次一声不吭地睡了一宿。很多妈妈告诉我，她们的孩子四岁才睡整宿觉，我意识到自己还是很幸运的。然而在那段时间，我就像瘾君子想要吸毒一样，渴望睡个好觉，我渴望得到充足的休息，渴望看起来神清气爽。这真是一种折磨。

而当你经受缺觉折磨时，你可能还要同时应对社交孤立的问题，这对许多人来说是始料未及的。如果你一直繁忙地做着全职工作，刚生完孩子的那几周，每天和宝宝在家待十二个小时，可能反而是一种休整。有些人很幸运，她们有朋友也刚生了孩子，但是，许多新妈妈的身边，都没有朋友那么巧刚生了孩子，要么是朋友在工作，要么是他们的孩子已经长大步入另一个阶段了。而参加母亲小组或游戏小组结交新朋友也很不容易。社交孤立可能会令你觉得孤独，再加上深深的疲惫感，大概就是刚当妈的人所面临的最大挑战。

学懂你宝宝的独特语言

最初几个月，我十分渴望能了解自己的宝宝。虽然这个小家伙已经在我的子宫里待了九个月，但她在本质上还是个陌生人。当她哭的时候，我不知道她想要什么，是饿了、冷了、累了、太兴奋了、还是尿了呢？起初我大部分时间都在瞎猜，但我的丈夫却好像很有把握和自信，一副驾轻就熟的样子。这种好像他什么都知道、我却又笨拙又别扭的感觉，真是太让人沮丧了。

我可能应该补充一点，我的丈夫是个儿科医生，他肯定会更习惯和小宝宝们在一起，肯定知道怎么抱孩子，孩子哭的时候也肯定比我淡定多了，毕竟他都见过几百个小婴儿了。但在那个时候，他的专业资格对我来说真的没什么意义，重点是当我看着他"表演"带孩子，那一刻真的觉得自己非常没用。

我觉得造成这种局面，一部分原因是许多新妈妈，包括我自己在内，都把重点放在了分娩上。我当时就觉得，怀孕只是把宝宝平安带到世上的前奏，也很少去考虑哄孩子、喂奶、情感维系这些事。我此刻笑着回忆起，我在生勃朗特之前，曾经和老公一起看过一张教人哄孩子睡觉的光碟（只需三个简单步骤！）。我俩看了两遍，还问对方"懂了吧？"，其实我们知道什么呀？很明显没学到什么嘛！

勃朗特出生几个月之后，我才感觉自己渐渐能破译她的神秘语言了，又过了几个月，我开始觉得她也能听懂我说话了，但这时距离她信任我能理解她的需要，还有一段路要走。我们这几个月，只是需要去弄懂对方。我渐渐明白，当她揉眼睛、攥紧小拳头，就是累了；当她像小雏鸟一样张大嘴、把头歪向左边，那就是饿了；要是你逗她笑，她却扭头避免和你眼神接触，那就是在告诉你"我已经吃饱了"。

起初我遗漏了很多这样的线索，因为它们对我来说都是全新的。那

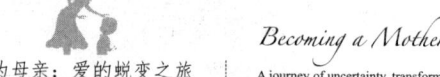

个说"宝宝不会自带说明书"的人很明显也经历过"怀孕第四期",也知道虽然我们告诉自己要顺其自然,但在了解宝宝的过程中,还是会经常出现许多不协调的地方。

但我们终究会奇迹般地开始了解宝宝,会有一天当你的丈夫突然问你宝宝为什么哭,你会惊奇地发现自己竟然一切都了然于胸。

那一天,我一直没能睡觉,宝宝哭了无数次,我不断安抚她。然后我的丈夫转过头,不带一点儿沮丧地问我,"你觉得她是要什么?"我想都没想就说:"我觉得她只不过是累坏了。"然后,我轻轻把她抱到小床上,宝宝打了个哈欠,就缓缓闭上了眼睛。谁能想到,竟然会有这么一天,我的儿科医生丈夫都要来问我宝宝怎么了,好搞笑啊!

看来,连世界上最不会带孩子的妈妈都能够最终学懂宝宝的神秘语言。

了解你,了解你的全部……

斯坦利·格林斯潘(Stanley Greenspan)是一位专注于婴幼儿发展的著名儿童心理学家。他认为,母婴关系中的前几个月十分重要,他将这段时间比作"陷入爱河"的阶段,在这期间母亲和婴儿从陌生人的关系,到逐渐产生好感,变得亲密。母子二人将渐渐变得合拍(我会在第六章中叙述更多细节),妈妈让小婴儿觉得有人会听到并回应自己的要求,令孩子慢慢放松下来。①妈妈起初听到孩子哭,会觉得困惑,不过她

---

① "关系合拍"的概念在探究母婴情感的理论体系中非常有名。这种合拍指的是,母亲能从婴儿的行为中读出其感受,并以传达出"情感共鸣"的方式予以回应。——出自 D.N. 斯特恩(D.N. Stern)所著的《婴儿的人际关系世界》(The Interpersonal World of the Infant),纽约基本出版社,1985年。

会逐渐破译并满足其需求，这样，美妙的母子共舞就开始了。母亲渐渐学着去掌握宝宝的感受，当婴儿觉得难过、不堪重负时，妈妈会学着去安抚；当宝宝需要情感交流时，妈妈就与之眼神交流，宝宝对妈妈的好感会逐渐发展为强烈的喜悦。就好像两个新舞伴要互相磨合，学习对方的步伐，预计他下一步会怎么跳，妈妈和宝宝也一样要学习对方提供的线索，并紧跟彼此的步伐。起初可能要慢慢摸索，会很笨拙，但磨合好了，就会是一场近乎完美的"舞蹈演出"。

这场和谐之舞在许多层面都很重要。当母子关系加深，妈妈们开始了解孩子，熟悉其给的线索，并试图解决其苦恼，很多事情就会就此改变。宝宝们调节情绪的能力的基础也就此奠定，但最重要的是，母子关系可能是不断变化的。他们的情感纽带逐渐产生，母亲照顾孩子的信心在增强，宝宝也越来越信任妈妈一直会满足他的需要。尽管这条道路上有诸多挑战和障碍，譬如缺乏睡眠等，但在"怀孕第四期"结束后，两人的关系看起来就会大不一样。这是世上最美好的事——他们相爱了。

宝宝第一次笑了，一切都值得了

不用说，产后前三个月是十分艰难的，即使是处理得宜、适应力强的家长们，大部分也会同意这句话。不过尽管挑战重重，这段时间也充满奇迹和喜悦，充满转变。一个女人变成了母亲，一个男人变成了父亲，一个无助、稚嫩、只知睡觉的新生儿，也变成了一个活泼爱笑的小宝贝。从此，这对母子渐渐产生情感，不再只是一个妈妈、一个孩子，

而是还会出现一段浓浓的母子情。

尽管满是焦虑、疲倦、困惑，我和女儿勃朗特还是顺利度过了"怀孕第四期"。在最初那些没觉睡的日子里，你真的很难越过眼下看向未来，你很难相信短短几个月之后，你和宝宝的关系就会大有进展，你们彼此会变得亲密许多……这一切都将是值得的。

勃朗特六周大的时候，有一天她不停哭闹，我俩都没睡成觉。那种绝望几乎要将我压垮，我已经累得放弃了让她睡觉的念头，决定就这样陪着她。我轻抚她的小脑袋，惊叹着它居然这么柔嫩，我柔声细语地和她说话，咯咯笑着，她也对我发出一连串美妙的声音作为回应。我凝视着她的眼睛，突然意识到原来她的眼睛和我长得那么像。就在此时，她慢慢合上眼，进入了香甜的梦乡，临睡前还不忘对我微微一笑，仿佛在说"你懂我的，妈妈，你真的很懂我，咱俩一切都会好的"。我就这样成为一位母亲，尽管这段毕生之旅有时难以预料、满是荆棘，但仍不失为一段奇妙的旅程。那个第一次出现的微笑足以令我忘记呼吸，宝宝睡着后，小脑袋耷拉在我肩膀上的那种感觉，更是无与伦比。

一些随想

- 许多妈妈们都有同感，产后最初三个月是第一年中最艰难、最紧张的时期。你需要学习大量的东西，不仅是如何照顾宝宝，也要发掘你的宝宝独一无二的特质。你俩的感情不会一下子就显现出来，而是需要慢慢去了解彼此，要记住，"怀孕第四期"中可能会有不少挫折。

- 这几个月里，你会有惊人的成长，你正在逐渐适应自己的新身份、新角色、新生活和新身体。让自己慢慢成长吧，去接受所有的情绪，你可能会在一天当中感受到喜悦、奇妙、悲伤、焦虑和孤独。这段时期的每种经历都会让你在育儿之旅上更进一步，渐渐成为你渴望变成的那个智慧妈妈。

- 如果你真的觉得这种悲伤、担忧、应付不了的感觉一直挥之不去，或是开始影响你对宝宝的观感，那你就必须去咨询一下专业人士。你可以先找一个懂心理健康的家庭医生，他会知道如何通过药物、心理辅导和实际援助，帮助你减轻抑郁症状。

- 在循环往复的换尿片、喂奶、哄睡觉、洗尿片、做家务中，你必须要找到办法滋养自己，这一点无比重要。一整天带孩子会吸干你的身心能量，一天忙完后，你会倒在床上，筋疲力尽，所以必须要找到补充能量的办法。对我而言，我会穿上舒服的睡衣，不受干扰地读一会儿书，还会点支蜡烛，看会儿搞笑的电视节目，或是给好朋友打打电话，吃点儿巧克力，这些都很有效果。直到现在，再遇到育儿挑战时，这些当时积攒下来的方法还是很有效。

第三章
不喂母乳就是坏妈妈……
和其他疯狂想法

Becoming a Mother

A journey of uncertainty, transformation and falling in love

成为母亲：爱的蜕变之旅

　　无论你是给孩子哺乳，还是喂奶粉，都应该让这个过程充满爱意，让你们之间能有情感交流。你可以凝望宝宝的眼睛，哼一些舒缓的曲调，尽情享受这一刻的安静。影响母婴关系的，是你们彼此的情感沟通，而非喂食的方式。

这天我坐在公园里，看着勃朗特用一把破铲子和别人的小水桶在搭建沙堡。这时两个女孩正好在旁边百无聊赖地等着弟弟从攀登架上爬下来，我不小心偷听到了她们的对话。我其实并没有刻意窃听，不过她们在旁边走来走去的时候，我可能就有意无意地支起耳朵，于是听到了些只言片语。好吧好吧，就算是我跟踪了她们。

她们的对话非常搞笑，跟大多数女孩一样，讲话会习惯性地带很多的"好像"和"天哪"，还有很多我根本听不懂的词汇。最有意思的是，她们居然在谈论育儿，谈到身边的父母怎么带孩子，谈到她们自己怎么评价家长的做法，还有她们觉得妈妈们应该做什么、不应该做什么。

"我以后肯定不会喂奶的，好恶心啊。"其中一个女孩满脸厌恶地扭头对朋友说。

"嗯，我也不会，我不想别人来看我的胸部。"另一个姑娘翻着白眼说。女孩们真的是翻白眼专家。

"还有，我不想生男孩，太吵了，简直烦死。"其中一个女孩看着她弟弟的方向说到。其实我觉得吧，她弟弟看起来应该也不是太吵。

"就是！"另一个也说。

"我弟弟真是个小霸王，要什么有什么。"第一个女孩说到。"就是，

以后我生孩子了,坚决不许他们发脾气,好多妈妈真的是对孩子百依百顺。"第二个女孩说着,还打了个寒战。

太搞笑了!我坐在这边看着勃朗特,要是有孩子拿走她的小铲子、她去打人家孩子的话,我就得赶紧走上前去阻止她,不知道这两个女生会怎么看待我。她俩也让我想起了自己生孩子之前的生活,还有当时那些令我产后初期变得黯淡的误区。

一个快乐宝宝应该从来不哭……
以及其他不现实的期望

我就有过上面这种想法,直到我出院回家带了勃朗特几周,才意识到这种想法的荒谬。这种"快乐宝宝不会哭"的预期让我开始的几周充满了负罪感,因为现实中我面对的,就是一个经常哭的宝宝。现实经历时常逼着我们认清自己对育儿的预期,让我们渐渐了解怎样去当个好母亲。

我有的其他育儿误区还包括:

- 孩子发脾气都是因为家长照顾得不好(这太可笑了)。
- 家长需要从头至尾都保持100%的一致。
- 家里永远都要干净整洁(哈,这点我好像倒是符合)。
- 宝宝要严格遵守相同的作息时间。

这些疯狂的想法,在实践中会很快遇到挑战,并被迅速搁置到一边。当我真的开始带孩子,我很快就意识到,我的想法太绝对了,而现实中经常会有灰色地带。

最初几周，在你逐渐了解宝宝的过程中，可能每天都会经历起起伏伏，一直跌跌撞撞地向前走，这时你内心深处那些可能连自己都不知道的价值观就会逐渐浮到表面。其中许多是关于哺乳、哄孩子等大问题的，渐渐的，也会开始有关于其他两难局面的观念产生，例如是否应该回去上班、是否要把孩子送到托儿所等。

我觉得，要在情绪干扰之下，清醒地做出明智的抉择，是更为困难的。我对自己的期望，其实都暗含做得"对"或做得"合格"的价值判断，带着许多"应该做"和"不应该做"的规范。我应该始终慈爱，满足宝宝的需求。我应该一直享受当妈妈的感觉。养育子女应该是很自然的事。在最艰难的时候，比如宝宝不停地哭了三个小时，我们却完全不知所措的时候，我们就会因为那些不恰当的期望，而开始在鸡蛋里面挑骨头，觉得自己不够好。

最大的预期——我应该立即爱上宝宝

很多女性在分娩前最大的一个想法也许是，当宝宝一出生，我俩就会立刻死心塌地地深爱上对方，简直会觉得相见恨晚。宝宝出生那刻起，我们就会开始淡淡期盼（有时这种感觉也会很强烈），我们已经神魂颠倒地爱上了眼前这个小家伙。但如果现实中你没有立刻爱上孩子，要和别人分享这种感受就会极其困难，你会很害怕别人异样的目光。而如果你将这个秘密隐藏起来，则可能对你造成巨大的精神压力，令你本就脆弱的自信心分崩离析。

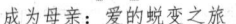
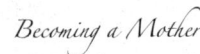

但是你并不孤单,因为许多女性都承认,尽管她们希望分娩后就能立即感受到那种潮水般的爱意,但现实中,她们可能只会感到漠然、焦虑、恐惧,有时甚至是这三种情绪一齐涌来(如果你想看这些妈妈们的故事,可以翻到第十二章)。造成这种情况的原因非常复杂,可能是难产及难产造成的分娩创伤,可能是此前流产引发的悲伤和失落,也可能是分娩后不久就要被迫和宝宝分开,或者是你生孩子之前情绪健康就有问题,此外,原生家庭也可能对你造成影响。

分娩后没有立刻对宝宝产生母爱,令许多人陷入到不必要的忧伤失落中,也令她们开始担心自己未来也不能和宝宝产生情感和依恋。其实产生感情不是只有一次机会的事,接下来的章节也会证明,这个过程需要无数次爱的互动,并非一朝一夕就可以成功,对许多人来说,只是需要去花更多的时间而已[1]。

但是别人会怎么想?

当我们检视那些施加在自己身上的期望,可能会发现很多深层的恐惧或信念并非来自自己,而是来自别人的想法。

- 如果我在医院里要配方奶粉,助产士会觉得我是个坏妈妈吗?
- 如果我的宝宝十二周大了都不能睡整宿觉,游戏小组的其他妈妈

---

[1] 马歇尔·H.克劳斯(Marshall H. Klaus)强调,大约25%的母亲在产前就能感受到和婴儿的亲密关系,25%会在生产时感受到,另有40%要在分娩完至少一周后才能感受到。——出自M.H.克劳斯的《心连心,亲子情:新生命与父母的奇妙联结》(*Bonding: Building the Foundations of Secure Attachment and Independence*),波士顿艾迪生韦斯利出版公司,1995年。

第三章 不喂母乳就是坏妈妈……和其他疯狂想法

会觉得我做错了什么事吗?
- 如果我用奶嘴,其他人会觉得我很差劲吗?
- 如果我的宝宝在咖啡馆里哭,其他人会盯着我看吗?其他人的宝宝都没有哭……肯定是我做错了什么。
- 我的宝宝现在应该会翻身了呀,也许是我让他趴得不够多?詹姆斯的妈妈每天都会让他趴一会儿的……

其实,重要的不是别人认为应该怎么做,而是我们要找到自己的节奏,做自己认为正确的事情。

勃朗特三周大的时候,有天我的一个朋友过来喝茶。我那时真的特别渴望有些成年人来陪陪我。早上的时候,勃朗特就好像想睡觉了,我给她喂好奶,拍好嗝,看到她困了,就把她抱回了卧室。这是我第一次在有别人在的情况下哄女儿睡觉,感觉有点儿紧张,我把她放在小床上,就蹑手蹑脚地出来了。

朋友困惑地问我:"勃朗特呢?"

"我把她放床上让她睡了,看看她自己能不能睡着。"话音刚落,她就立马嚷了起来。

这时候事情变得有些棘手,我当时刚读完一本书(我读了很多很多很多书),这本书提倡要让孩子学着自己睡觉,不要养成摇晃着哄睡的习惯云云。所以那时我觉得应该等一会儿,看看她是不是能自己睡着。我的朋友却明显激动了起来,带着怀疑的神情对我说:"如果我是你,我肯定会进去哄她睡。"

我是怎么做的呢?我走进房间,抱起勃朗特,放弃了让她自己睡觉的想法。我的朋友很明显松了口气,因为勃朗特终于不再哭闹了。我却变得很迷茫,我是不是全都做错了呢?在怎么让孩子入睡这件事上,我反而比之前更加困惑了。

现在我想通了,在这个问题上,并没有一种十全十美的方法。朋友和我的想法不同,这很正常。但在当时,我更加担心的是别人会怎么看我,而不是怎样做会对宝宝和我更好。

很疯狂,对吧?

"救命!如果我没法喂奶,我是不是一个坏妈妈?"

这是我最近在一个育儿论坛上看到的帖子标题。这条情绪激动、语带恳求的帖子下面有几百条回复,它们令我更加认定,在养育孩子的问题上,不能喂母乳也许是令妈妈们最有罪恶感的一件事,而且她们大多都会将这些感受隐藏起来。许多妈妈都是一边害怕着别人说闲话,一边担心着自己没能让宝宝赢在起跑线上,然后艰难地决定停喂母乳的。

哺乳的压力其实很早就开始了,我们怀孕时读书或者参加产前班,都会不停听到人说母乳喂养的好处,别人鼓励我们在宝宝出生一小时内就开始喂奶,因为这样的话,前几天的产奶量就能迅速增加。有些妈妈比较幸运,得到了体贴入微的支持和恰当的信息,但不同妈妈们得到的支援可能会相差很多。对于有哺乳障碍的女性来说,建议她们继续尝试,可能反而会带来压力,令她们忧心忡忡。

我在分娩之前,就下决心要喂母乳,虽然那时我的手腕活动不是很方便。后来我发现，要适应不同的助产士十分麻烦，虽然她们都很好心，但似乎每个人的想法都不同。我的奶不算多，为了泵更多奶，她们建议我除了让宝宝吸，还要用吸奶器，但每次我都像受刑一样。我开始对每一次哺乳感到恐惧，我的奶量却仍然没有丝毫进步。最初几周，我每天都花几小时泵奶，每泵出一毫升都欢呼雀跃。渐渐地，我发现我每天拿着吸奶器泵奶的时间，比抱着宝宝的时间还长。

勃朗特十周大的时候，我做了一个重要决定。那一天，我一直在不停地泵奶、泵奶，孩子半夜睡醒要喝奶，我试着喂母乳，但是失败了，只好用配方奶粉顶上。当我把熟睡的女儿放回小床上，看着吸奶器，突然就觉得疲累异常，我再也不想听到它那嘶嘶吸奶的声音了，我恨这玩意儿，超级恨。我突然知道自己应该怎么做了，就在这一刻，我决定停止喂母乳，整个人都变得轻松极了。后来生了内特，四周大的时候我就给他停母乳了，这简直是一种解放，我直接把吸奶器扔到了壁橱后面。

许多母亲都是满怀着困惑和负罪感，决定停喂母乳，或者开始喂奶粉的，这甚至会令她们觉得自己是失败的母亲。停母乳的时候，我们也能感受到其他妈妈给的压力，自己其实也担心如果不喂母乳，我们是不是就辜负了孩子，再也不能和他们那么亲密了。不幸的是，提倡母乳喂养的机构近来宣传说：不喂母乳不仅会影响孩子的身体健康，也会影响其心理健康。这不是让妈妈们更难过吗？

母亲智慧
妈妈们的亲身经历

妈妈1：没法给宝宝喂奶，的确让我觉得自己像是个坏妈妈，尤其我还是靠着辅助生育才怀上孩子的，这让我觉得自己的身体不争气，让我没法做自己"应该做的事"。

妈妈2：我觉得自己是个坏妈妈，因为我给老大全喂了母乳，但老二就只喂了一半母乳，另一半是奶粉。尽管我很努力，但我的奶就是不够，我恨自己不能让两个孩子站在同一条起跑线上。老二到四个半月大的时候，得感冒的次数就比他哥哥到现在为止还要多，而且还经常犯胃炎。我觉得这都是他没能一直喝母乳的缘故，他在成长的诸项大事件上，好像也都比他哥哥来得慢，我潜意识里就一直觉得，这就是因为他没能喝到那么多的母乳。

妈妈3：因为我女儿有严重的乳糖不耐受症，所以我只好给她断奶，这让我感觉很糟糕，我开始变得防御性极强，好像我得证明喂她的每瓶奶粉都是不得已的一样。我试过在商场里被一个母乳喂养的信徒随意辱骂，说我是喂奶粉的坏妈妈，但这对我来说一点儿帮助都没有。就因为我用一种医学上完全恰当的方法喂养我的女儿，我就得活在深深的负罪感里。现在回望这一切，我觉得自己蠢极了，但当时，荷尔蒙的飘升和持续的歉疚感，经常盖过了理性思考。其实，妈妈们只要最后把孩子喂好，让孩子高高兴兴就好了，谁又在乎你是怎么做到的呢？

妈妈4：我简直不能相信，妈妈们会在哺乳这件事上承受这么大的压力，我的宝宝九、十个月大的时候就断奶了，其他妈妈说得我好像很不好，甚至是在伤害宝宝一样。说真的，好妈妈自会做出对家人和宝宝好的决定，那些爱品头论足的路人就直接忽略吧。

做出对自己和宝宝有益的选择

当你决定给孩子断母乳时，不一定非得充满负罪感，充满怀疑或羞愧。当你检视自己身上背负的期望和压力时，要记住很多是在你生孩子之前就已经有的，这点非常有用。我们怀孕的时候，其实就已经对自己将来要成为何种母亲有了许多设想。我们会想，以后孩子哭了要怎么办，孩子发脾气要怎么管教，要怎么喂养孩子。

但生活是无法预知的，我们的身体也是无法预知的，宝宝也是无法预知的。所以尽管你有着种种设想，但现实中当你日复一日地照顾宝宝时，你就会发现很多期待都是不现实的。死守那些"应做之事"，只会让你越来越感到羞愧自责。如果我们认清这些"期待"的本质，卸下由此产生的重压，就会变得越来越强大。

Becoming a Mother
A journey of uncertainty, transformation and falling in love

母亲智慧
妈妈们的亲身经历

妈妈1：我现在一点儿负罪感也没有了，看到女儿健康快乐地成长，我就知道断母乳、喂奶粉这件事是做对了。当时我还很担心要是我不能喂奶，就会和女儿不亲近了，但现在我俩亲密极了，这件事一点儿影响也没有。我现在是释然了，但当时真的是很纠结。

妈妈2：我生第一个孩子时，觉得自己不仅是个完全失败的母亲，也是个完全失败的女人，因为我如果不吃药的话，就没有足够的奶给宝宝喝（前八个月我是母乳、奶粉一起喂，之后就是完全喂奶粉）。五年半之后，我才生第二个孩子，那时我终于意识到，我不能纯喂母乳绝非是"失败"的事，事实上我喂了八个月（虽然是和奶粉掺着喂），就已经是"成功"了。我儿子出生后，我很开心地给他喂母乳加奶粉，我厚着脸皮吃药催乳，每次喂完奶，我都当成是一次成功去庆祝。我意识到，只有你自己才能决定什么是"成功哺乳"。

妈妈3：我六周大的时候，我妈妈就不能继续喂母乳了，这前六周里，她也会给我喂奶粉作为补充，因为她当时没有任何支援，得到了大量错误的信息。但她一直是一个百分之百无私、超级棒的妈妈。我身边也有朋友无法喂奶，不是身体原因，而是心理原因导致，但她们仍然是我见过的最棒的妈妈。

喂母乳、喂奶粉，一样有爱

当我说出这些关于哺乳的看法时，其实我是心怀恐惧的。这个话题如今在母亲圈里争论激烈，许多母婴网站甚至把哺乳歌颂成建立母婴感情的关键因素。也总有人告诉我们，喝母乳的宝宝免疫力更强，也更聪明。我并不是想否定母乳喂养的重要性，母乳喂养无疑是培育宝宝的绝佳方式，也已经有很多研究证明了它的好处。但我真的觉得，妈妈们不应该再去担心如果不能喂母乳，宝宝是否会不聪明、和她不亲，研究指出，这是没有科学根据的。如果妈妈们是温暖、慈爱、充满柔情的，宝宝就会做出回应，而这才是让你和宝宝产生感情、促进宝宝智力发育的关键。

重要的是，无论你的宝宝是母乳喂养的还是喝奶粉的，喂养的过程都是要充满爱的。第一年你会花上千个小时给孩子喂奶，这些会成为你俩之间建筑爱与信任的基石。如果你喂奶时都是焦虑心烦的状态，你的宝宝肯定也会感觉到。

哺乳不成功可能会有很多原因，在这种情况下，妈妈们要勇于做出改喂奶粉的决定。当宝宝喝奶的时候，你静静地凝视他的眼睛，无论此时喂的是奶粉还是母乳，都是一样充满力量、建立感情的过程。重要的是，女性做出喂奶粉的决定，不应该有任何负罪感，因为负罪感才是影

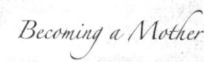

响母子感情和你的信心的元凶。①

虽然我没做过研究,但我估计,应该不是每个大学生都是喝母乳长大的吧。

一些随想

- 在养儿育女的过程中,我们经常对自己有着难以想象、不符合实际的高期望值,甚至还会要求自己对宝宝有何种感觉。正是这些期望值给你施加了重压,影响了你和宝宝的关系,还有你的自信心。
- 这种高期望值的背后,往往深藏着恐惧,我们害怕别人会怎样看待我们。此时此刻,梳理一下自己内心的期望是很有效的,看看它们从何而来,再想一想别人的看法是不是真的那么重要。
- 如果你发现,你的内心独白充斥着"应该""不应该"这些关键词,或者是其他死板的想法,你可以考虑慢慢去改变这些想当然的产物。如果你脑中的小人儿不停地说,"如果不能喂母乳,我就是个坏妈妈",那你就问问自己,"这是真的吗?"我想你会发现,答案是否定的。
- 记住,在这条道路上,永远会有对你品头论足的人,这都不要紧。你要相信,你了解自己的宝宝,你有能力为他做出智慧的抉择。

---

① 研究证明,当母亲正考虑是否断母乳时,医务人员的说话方式对其负罪感有着直接影响,如果他们以女性为中心,关注母亲福祉,便有助于减轻这种压力。若医务人员"教条"式地以哺乳为中心,母亲的自信心可能会不知不觉被破坏。——出自《英国医学杂志公开专栏》2012年2月的文章《婴儿喂养经历的系列定性访谈研究:当理想遇到现实》,P.霍迪诺特等著。

- 无论你是给孩子喂母乳，还是喂奶粉，都应该让这个过程充满爱意，让你们之间能有情感交流。你可以凝望宝宝的眼睛，哼一些舒缓的曲调，尽情享受这一刻的安静。影响母婴关系的，是你们彼此的情感沟通，而非喂食的方式。
- 我从没后悔过给孩子断母乳，如果时光能倒流，我会找哺乳顾问帮忙。他们提供的智慧和指导是无价的，去找一个能理解你、帮你分担忧虑的哺乳顾问吧，如果第一个不行，那就再继续找。
- 要记住，因为断母乳而产生的任何负罪感都是没有必要的，只会阻碍你成为一个满怀慈爱的母亲。

第四章
"怀孕第四期"的心路历程

Becoming a Mother

A journey of uncertainty, transformation and falling in love

成为母亲: 爱的蜕变之旅

在每天的生活中,你要留出滋养和照顾自己的时间。要记住,这可以给你的身心充电,让你继续有能量去照顾孩子。宝宝睡觉的时候,你也应该睡觉,你应该洗洗头发,并接受别人来帮你带孩子,这样你就能有时间去咖啡馆里坐坐、看看杂志什么的。

当你跨过分娩这道坎时，你可能会略带震惊地发现，现在你的身边多了一个有着一大串复杂需求的小宝宝，他会每天、一直、永远把你当成妈妈，希望你去满足他的种种需求。在你扛起这副重担的一瞬间，你就不再是一个独立的个体，不再只是夫妻的一方，不再是一个可以不怎么考虑未来、不问他人、自己做决定的"自由球员"。从这一刻起，母亲的角色要求我们必须时刻为另一个小生命考虑，就连一些最简单、平时做惯的事，比如什么时候冲凉，什么时候睡觉，都得由这个无助的小婴儿来全权决定。至少这段时间是这样的。

当你渐渐意识到这些，就意味着你已经在向一个新的身份转变了，对许多人来说这是个痛苦的过程。变成"母亲"的过程是紧张不安的，如果你之前是个十分多产、很有目标的职业人士，那你刚当妈妈时，可能会觉得自己的身份在不断变化。当你有一天突然开始一个人待在家，带了好几天孩子，不似在职场上有人来认可和支援你，你可能会感到心绪不宁。

研究人员和分娩教育者一早就承认，分娩后的最初几周是充满挑战的，这令我感到安慰。这是一段收获惊人成长的时光，不仅对宝宝是这样，对妈妈也是这样。这段时间发生的变化很奇妙，也很累人，经常充满喜悦，也会让人不安。

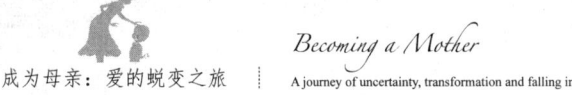

成为母亲：爱的蜕变之旅

变身当母亲

新妈妈们可能要花很多天、很多周甚至很多个月，来真正理解这些转变，并将它们集结转化成自己的新身份。

我出院回家，大概带了勃朗特十天的时候，一天，我丈夫走进浴室，发现我一边洗澡一边悄悄哭。他焦急地问我"怎么了"，我试着回答他，却说不出话来。我要怎么说出我此刻复杂的感受呢？我不仅是因为缺少睡眠和产后恢复而感到筋疲力尽，还因为一些更深层次的东西。那种整整十天，有个人全身心依赖我去满足她所有需要的感觉真的快把我淹死了……但这才刚刚开始。洗澡是我唯一能稍微喘息一下的机会，但就连这时候，我都满脑子想着孩子。我渴望有一些安静的、没有孩子的时间。但就算是我自己在心里说出这些想法，我都满心愧疚，更何况要对别人去说呢？所以我只能保持沉默。我随便对丈夫嘟囔了两句觉得累什么的。

其实我很难跟丈夫说清楚自己的经历，他每天一下班就急急忙忙冲回家，就是想多陪陪我们的女儿，而我却很眼红他的生活：他可以穿上体面的衣服，不用被宝宝呕吐在身上，而且身边都是专业人士，大家总有一些有趣的话题可以讨论，他还可以创造价值，取得一些看得见摸得着的成就。而我却快要被新生儿接连不断的召唤给压垮了，泪水也经常不期而至。虽然我对宝宝的爱日渐增长，但与此同时，我内心深处却渴望回到过去的生活，能够自由自在，不要总是记挂着另一个人。

不过感谢上帝，这种灰暗的时刻正变得越来越少，勃朗特和我的关系日渐稳固，我为人母的喜悦感则日渐增长。我逐渐学会放慢节奏，享受陪伴在宝宝身边的时光。一段时间之后，我甚至开始庆幸自己不用再承担工作的压力。我的喜悦感和身份认同也不再源自工作，而是源自一些更无形的东西——我和宝宝的关系。不过我到现在也没能习惯宝宝呕吐的那种气味。

我最终还是成为一个母亲，我对这个角色和新身份的认同感大大增强了。不过这个过程需要时间，我在这个过程中也曾感到失落，不过最终我明白了，过去的我并没有完全消失。我的其他身份可能只是会暂时潜伏一段时间，等勃朗特长大了，它们就会再次出现。而在这个转变过程中，我变得更加无私，生命也因此丰富了许多。

成为母亲的过程是永恒的。不管勃朗特和内特多大年纪，我都将永远是他们的妈妈，直到我离开世界的那一刻。现在的我已经深深认同了这个新身份。不过要是说，我已经完全不再渴望那种"一人吃饱、全家不饿"的自由，那还是骗人的。

不过我也只有那么一小会儿会这样想想啦。

母亲智慧
妈妈们的亲身经历

妈妈1：我内心深处时常渴望逃离我的家人，我对此很愧疚。我知道我是真心爱着他们，但有时候还是会做梦，想着要是能自己一

个人待上一个小时，待上一天，或者更长时间，会是怎样的呢。我幻想着出门休假……一个人……静静地读书，感受那份宁静。我渐渐意识到，有这种感受是正常的，因为每天照顾孩子实在是太耗费精力了，虽然我不愿离开孩子，但有了他之后，我真的从来没有机会自己静静地待一会儿。

妈妈2：我觉得我已经把自己丢了。我现在整天都在照顾另一个人，自己原本的那些特点全都消失了。我知道我最终会有一天可以找回一部分的自己，现在的状况也会成为过去，但此时此刻我真的觉得很难忍受。

我有产后抑郁吗？

处在"怀孕第四期"、面对巨大挑战的妈妈们，很多都会怀疑自己是不是有患上产后抑郁的风险，或是觉得自己已经患上此症。产后抑郁的症状通常包括：无缘无故睡眠变差、胃口不好、不开心、没来由地想哭却哭不出来。你也可能会感觉易怒、焦虑、记忆力变差，或是提不起劲儿，淡出了家人朋友的圈子，或是觉得不堪重负。

产后抑郁是个复杂的课题，一个产科医生同事曾经跟我说过，他觉得每个女人在"怀孕第四期"时都或多或少有产后抑郁的症状。最初几个月，大部分新妈妈都会在某些时刻变得一碰就哭、十分脆弱、应接不暇、火冒三丈，这都是很正常的。与其说这是产后抑郁，不如叫作"产后调整"可能会更好，因为对母亲们来说，这段时间身心都遭遇了巨大变革。当你一晚上只能断断续续睡上四个小时，而宝宝的需求一直像无底洞一般，你怎么可能不感到悲伤、脆弱呢？但如果这种感觉一直持续下去，你就要咨询一下儿科护士或者家庭医生了，因为他们对心理健康有着更为深入的了解，能够评估你是否需要进一步地接受药物治疗或心理辅导。

产后抑郁是很容易治疗的，重要的是要有人在情感上支援你。母亲情绪低落，对亲子关系的影响可能很微弱，但可能会对宝宝的安全感产生很大的负面影响。从临床来看，患有产后抑郁的妈妈通常会缺乏动力、没有精神，难以融入身边人的圈子。而宝宝可能会感觉妈妈变得沉默寡言，不太和自己眼神交流，自己哭的时候也不能得到及时回应。然而在建立母子关系当中，这些小细节是十分重要的，患上产后抑郁的妈妈们如果没能得到及时治疗，亲子关系可能会受损，但仅仅是可能而已。最初几个月有抑郁症状的妈妈们还是可以和宝宝建立起感情的。

母亲智慧
妈妈们的亲身经历

我很早就知道，我对宝宝没有那种本来应该有的感觉。最开始是因为我累坏了，但我知道慢慢地他就能开始睡长觉了，我也可以更加轻松。我时常无缘无故很想哭，觉得每一天都很难挨。有些时候我会觉得很麻木，觉得自己好像站在崩溃的边缘。但我决定，不

要让这种情绪影响我们的母子关系。即使我不愿意，我还是会强迫自己躺在地板上和儿子玩。因为我在书里读到，宝宝需要看到妈妈脸上的表情，所以即使我不想笑，我还是会努力对他微笑，柔声细语地说话。

孩子哭的时候，我会强迫自己去哄他，即使有时候我只想睡觉。我每天都坚持这样做，尽管很多时候我都只是在演。不过我很高兴我这么做了，因为我觉得这真的对我们的感情联结有帮助。这样做，也让我始终都不会陷得太深，这种方式也可以改善我的抑郁情绪。我俩现在的关系真的很好，我觉得就是当初这些小事产生了作用。

如果我能多睡一小会儿……

最初几个月，我们的情绪可能会像坐过山车一样起起伏伏，此时我们需要考虑两项很简单的事——荷尔蒙和睡眠，这是十分重要的。这两项指标在最初几个月都会是一团糟的，我们只能睡有限的几个小时，雌激素和孕酮也会起起伏伏。在心理健康领域，睡眠不足对情绪和自信心的影响是众所周知的，这也值得我们深思，因为产后初期我们都有可能变得心潮波动、情绪低落。①

---

① 近期一系列研究发现，睡眠障碍（无法入睡或无法持续睡眠）可能增加病人罹患精神疾病的风险，或是直接导致精神疾病。对于几个月甚至几年时间中都睡眠不足的父母来说，这种相关性尤为明显。——出自《睡眠与心理健康》(Sleep and Mental Health)，哈佛健康出版社，2009年7月。

我曾经遇到过一个产后五周的母亲，她当时十分泄气，也没有像她预想的那样对宝宝充满爱意。她说："如果我能多睡一小会儿，我的感受可能就完全不同了。"

这句话我真是认同极了。

母亲的自我滋养十分重要

孩子出生后的最初几个月，不仅宝宝在不断成长，母婴关系和母亲的自我感知都在发生巨大变化，对于妈妈们来说，这段时间里找到办法滋养自己是极为重要的。长期缺觉和每天费神照顾孩子，已经对我们的内心造成了一些损伤。如果不及时补充能量，我们要想熬过这几个月都更加困难，更别说要去享受这段时光了。但对于许多妈妈们来说，一想到要补充能量或自我滋养，那种熟悉的感觉——愧疚感，就又袭来了。

这种愧疚感的外在表现是多种多样的，不过在最初几个月里，它大概是一种自我的内心审判："我应该更淡定""家里应该更干净""我应该洗衣服""我应该让孩子参加婴儿游泳班""我不应该让宝宝哭""我没时间喝茶、看杂志""我不应该在白天打盹，晚上也不应该早睡"……如此种种，这表明我们把自己不当一回事，但其实如果我们用心照料自己，也相当于是送给了宝宝一件宝贵的礼物——一个精力充沛、内心丰富的母亲。上面说的这种愧疚感会有无数的机会为所欲为，但在"怀孕第四期"，我们更应该做的是让它闭嘴，拿出时间来滋养自己，这会令你和孩子的关系变得截然不同。

保持平衡

最近我在一个亲子论坛上看到有人问,"你们怎么保持平衡?"是啊,母亲们是怎样做到既能在宝宝的需求、与伴侣的关系、与朋友和父母的关系、工作、学习这一大堆事情中保持平衡,又能让自己有所收获的呢?对不同的人来说,答案可能会是天壤之别,这件事取决于每个人的需求和价值观。一些妈妈可能只要去照顾孩子,就已经觉得完全满足了,但对其他人(比如我)来说,这样是不够的,还需要保留一些自己的空间。

随着时间的推移,这种平衡也会发生巨大变化。对许多妈妈们来说,要保持这种平衡,需要的可能只是和自己对话,问一问"我是谁?""我要怎样培育生命中有意义的东西?""我要怎样照顾自己,然后再去照顾别人?"世界上没有十全十美的答案,也没有绝对的平衡。然而找到一些空间,问问自己这些问题,可以让我们在这段旅程中,仍然能与自己、与那些令我们开心的事物保持一定的联系。

我们脑海中的声音……从自我审判到自我同情

现在回望最初那几个月,当我想起那个迷茫、不安的自己,就会感到一阵阵的难过。作为一个新妈妈,我简直是自己最大的差评师。我痛苦地知道自己做错的所有事,我脑海里的小人儿是个残酷的审判机器,无时无刻不在提醒我，我根本不知道自己在做什么，根本不知道怎么抱孩子，根本不知道怎么正确地换尿布……我想你大概能想象当时的情景。过了很多个月之后，我才逐渐开始去挑战这个小人儿，开始在漫天严苛的批评声中，也试着放入一些善意和怜悯。

当我们身处绝望的深渊时，当我们内心的声音总是倾向于批评自己时，想要培养自我同情的声音似乎是不可能的。如果此时想要在心中根植下爱的鼓励，我们可能反而会觉得自己太过放纵，觉得自己是在顾影自怜，甚至是在犯错。不过自我同情是不一样的，它会让我们知道：自己可能不是完美的家长，但我们还在成长；许多问题可能我们都不知道答案，但我们还在学习。这种声音会让我们意识到，自己毕竟只是个普通人，不可能从始至终都不犯错误。[①]

当我们的宝宝来到这个世界上，我们是他们所知道的唯一的母亲。这个两周大的孩子不会把你和公园或小组里的其他妈妈作比较。他们只认识你，而且会觉得你做得很好。尽管不完美，但宝贝们爱着我们本身的样子，也许我们也应该回报以同样的爱。

一些随想

- 成为母亲后的最初几个月，你的身心都需要做出调整，你要对自己好一点儿。

[①] 克里斯汀·内夫（Kristen Neff）是该领域备受尊重的作家，如果你想多读些培植内心同情声音的资料，可参考他所著的《自我同情》（*Self Compassion*）一书，美国哈珀柯林斯出版集团，2011年。

- 在养儿育女的过程中，你可能会经历各种始料未及的情绪，比如因怀念过往时光而感到难过。出现这些感觉是完全正常的，你千万不要因此而否定自己对孩子的爱。而且正反两方面的情绪是可以共存的，你可以一面怀念着过去的自由，一面彻头彻尾地爱着自己的宝贝。

- 如果这种低落的情绪一直持续下去，并开始影响到你的日常生活和处事能力，那你就应该找一个信任的人来一起解决。产后抑郁是十分容易治疗的疾病，你可以轻易得到许多资源，包括儿童健康中心、产后抑郁支援小组和家庭医生，你无须踽踽独行。

- 在每天的生活中，你要留出滋养和照顾自己的时间。要记住，这可以给你的身心充电，让你继续有能量去照顾孩子。宝宝睡觉的时候，你也应该睡觉，你应该洗洗头发，并接受别人来帮你带孩子，这样你就能有时间去咖啡馆里坐坐、看看杂志什么的。真的！你需要这样做！

- 要努力让你内心的声音变得善良、怜悯。顾影自怜并不是一件坏事，它会让你认可自己，同时可以给你智慧，让你对自己不会太严苛。我们要认识到，自己只是普通人，虽然不完美，但也已经做得足够好了。而且你的宝贝也是这样想的。

第五章
哭个不停的宝贝

Becoming a Mother

A journey of uncertainty, transformation and falling in love

成为母亲：爱的蜕变之旅

那些我们不会留意到的声音和体验，对于宝宝们来说，可能是无法承受的。而宝宝们没有其他办法去消减这些感觉，就只有哭了。就像在大人中，也会有一些人特别脆弱、敏感，因为大家都有自己与生俱来的脾气和秉性。

每一分每一秒，在地球上的某条街道的某座房子里，总会有个妈妈在试图安抚哭泣的宝宝。为了让孩子不再尖叫，为了在不断袭来的号哭中找到一丝宁静，她会绝望地尝试各种办法——抱起宝宝、摇晃他、安慰他，甚至"嘘"他、轻拍他、抚摸他、给他喂奶……宝宝连续几小时地哭闹，让妈妈的心都揪了起来，她疯狂地换着尿片，胡乱地摇着拨浪鼓，满怀希望地把乳房凑上去，不停地在家中来回踱步。我相信，大部分妈妈都体验过这种绝望，当你的宝宝脸都哭红了，叫声越来越响，火急火燎地望着我们，好像在说"妈妈，求求你帮我停止这一切！"时，我们大部分人都会感到手足无措。虽然我们心里很明白，其他妈妈都会经历这些，这是所有人都要走过的历程，但当那个不停哭叫的小家伙是你的亲生骨肉的时候，你仍然会感到前所未有的孤独。勃朗特出生之前，我就知道她肯定有时候会哭，但我从来不知道，原来小宝宝可以哭成这样，一直、一直、一直持续好几个小时……我从来没想过，孩子的哭声破坏力可以如此之大，在只剩下我们两个人的孤独时光中，她的每一声啼哭都牵动着我的心，都让我的心狂跳，我只能笨拙地把奶嘴塞进她的嘴里，希望让她停下来。分娩前，我所幻想的都是温馨的画面，从没想过宝宝会整整哭叫六个小时不停歇，更没想过我会紧紧抱着她，自己默

成为母亲：爱的蜕变之旅
Becoming a Mother
A journey of uncertainty, transformation and falling in love

默流下泪来，我会拍着她，发出"嘘"声，直到自己无力再思考。

最初那段时间，我感到极为孤独。在西方世界，很流行让妈妈们与世隔绝地照顾孩子，我也是如此。每天，我都会花十个小时，在狭窄的公寓里踱来踱去，安抚疯狂哭叫的孩子，随着时间的流逝，我的绝望会变得愈发难以忍受。那些天我一个人都见不着，即便是出门走一走这样简单的事，都好像是跑一场马拉松一般。我不断告诉自己应该出门，然而我真正踏出门的时间却少得可怜。我会尴尬地想，要是别人听到勃朗特这样歇斯底里地哭，会怎么想呢？要是他们听到我也在哭呢？有次一个邻居不带恶意地问我，勃朗特不要紧吧，因为她听到了孩子的哭声，我当时就觉得非常窘迫。从那之后，我都会关上门窗。

这段孤独的时间里，白天变得非常漫长，时间就靠着喂奶、睡觉和勃朗特不断提高的哭声来划分了。下午两点的时候，我可能就会开始给老公打电话，试探地问一下他几点回家。四点的时候，我会再次打电话，提醒他要带回奶粉，并再次问一下他几点到家。四点四十五分，我会一直盯着钟表，一直等到五点，然后再次打电话，这时候我已经到崩溃的边缘了，经常会哭出来。我疯狂地需要我的老公，需要他把我从勃朗特身边解救出来，同时也让勃朗特得到解脱。每每他走进家门的那一刻，我都会满怀轻松地，把孩子一把塞进他的怀里。

起初我几乎没跟别人说过带孩子的辛苦，怕他们认为是我应付不来。我更害怕的是，他们会因此认为我不爱勃朗特。但事实是，我对她的爱非常强烈，但我并不是很有信心，我这个妈当得这么笨拙，她是不是还会爱我呢。在因睡眠不足而失去理性的脑袋中，我认为她的哭声就是不爱我的证据。

现在回望那段日子，我注意到，虽然我只跟极少数人分享了这段经历，但却从他们那里得到了大量回复，大部分是给我的建议。

"试试这样子抱她。"

"可能是有风的原因。"

"宝宝肯定是饿了，要喝奶。"

"你只需要让生活变得规律就行了。"

"你有没有试过把她放下，让她打个盹儿？"

尽管这些答复都是带着善意和关切的，但在当时，只会让我越来越觉得自己不行。有时候我只想吼回去："我当然已经试过了！我每时每刻都在想着这件事，能想到的所有办法我都试过了！"当然我从没这样做过。随着日子一天天过去，我也越来越少向人说起勃朗特哭的事情。我逐渐掌握了大部分妈妈的诀窍——假装所有事都很顺利，假装自己在惬意地游泳，但其实在内心深处，我觉得自己快要被淹死了。

最孤独的道路

如果你的宝宝很敏感、很难取悦，还爱哭，那你分娩后的前几个月，可能会过得十分混乱甚至精疲力竭。照顾经常哭的宝宝，是十分孤独的经历，足以让新妈妈们感到深深的羞愧和不安。这种绝望的感觉会令她们的生活黯然失色。这段时间，她们的生活重心会变成怎么让宝宝哭得最少，并让自己保持理智。对许多母亲来说，她们害怕亲朋好友认

为自己是坏家长,所以这段时间都会躲在家里,从而更加觉得孤寂。如果说我们和其他人会经常因为某件事去无意识地评判家长的表现,那么这件事可能就是那个婴儿看起来是否开心。

母亲智慧
妈妈们的亲身经历

妈妈1:我女儿特别爱哭,基本上一天的大部分时间里都在哭。她唯一开心的时段就是早上七点到十点,这段时间她都会很香甜地熟睡,但从夜晚七点到第二天早上五点,她都特别不安分。过去白天都是我带女儿,我丈夫要上晚班,所以白天都在睡觉。他半夜下班回家的时候,就会带女儿出门兜兜风,这似乎是夜里唯一可以让她安定下来的办法了。他会在凌晨五点带女儿回家,然后我就继续接班:喂奶、哄睡觉等。这段时间我的压力非常大,几乎没办法睡觉。女儿一直不停地吃奶,这也让她的疝气、反流更严重。我喂奶也不顺利,这让我更紧张了,我觉得自己是个彻底的失败者。这种情况一直持续到女儿七个月大,在那之后她才渐渐安定下来。

妈妈2:我大女儿出生后的最初几个月里,她只要醒着,大多数时间都在哭。当时真是非常、非常艰难,我的好脾气都被消磨光了。前六个月里,我都会坐在沙发上抱着她。我原本在生活上是个得心应手的人,但这段时间我真的哭了好多次。我老公一出门工作，就只剩我一个人来面对这一切了，我没有人可以打电话求助，只能靠自己。尽管我俩都严重缺觉，还为一些鸡毛蒜皮的事无谓地争吵了好几次，但我老公仍然大力地支持着我。我当时很讨厌别人上家里来，因为每次都搞得我很沮丧，我只想休息一下，却还要不厌其烦地扮演女主人的角色。

妈妈3：我儿子出生后的前八周，一直在不停地哭，基本上每天都能从下午五点一直哭到半夜一点，白天再继续哭。他饿了会哭，拉屎了会哭，放屁了会哭，洗澡会哭，把他从澡盆里抱出来也哭，换尿布会哭，给他穿衣服脱衣服都会哭，猫叫他会哭，人说话他也会哭，总之就是一直哭，哭不停。最后他哭得实在太厉害了，我们就把他送到玛嘉烈公主医院，检查发现他有尿路感染，但也并没有严重到要哭得这么厉害。那段时间我几乎没能睡觉，因为太缺觉了，还被误诊为产后抑郁。当然我也没法怪那个医生，因为我当时太累了，也在一直哭，我担心宝宝，觉得自己是个失败的母亲。那时候我老公每天下班回家，都会看到我抱着儿子在走廊里踱来踱去，两个人都哭得撕心裂肺。

妈妈们需要：一些思考空间

对于育儿初期的家长们较为有用的，并非他人给出的建议，而是其他方面的一些讨论，这些讨论让我有空间去思考勃朗特为什么哭，她的

哭对我俩的关系会有何影响。事实上，睡眠不足和宝宝不间断的哭声，会压榨你思考的空间，让你无暇思考她的哭声所包含的意思，以及你可以怎样应对。我刚生完孩子的时候，有一个没生过小孩的朋友静静地听我分享完自己的难过和无助后，问道："你对她有什么感觉？"这个问题之前从来没有任何人问过我，无论是助产士，还是社区中心的护士，或是其他母亲们，甚至我床头柜上大量的书，都从来没有问过。事实上我很爱我的女儿，但有时我觉得，如果我能休息一下，我可能会更爱她。

而另一位母亲，在听完我讲述自己的焦虑，并询问还能做什么的时候，并没有立刻回答，而是悲切地看着我，说："我不知道要怎么办，我只觉得，最初那三个月真是太难了……真的，真是太难了。"只是这一句话，却让我觉得突然能松一口气了，这段时间真的很难，太难了。为什么没有人告诉过我？为什么包括我在内的妈妈们，都如此执着地要去假装这段时间并不艰难？

我生第二胎内特的时候，就觉得容易多了。他哭得比姐姐少很多，但有时候也会很躁动不安，邻居们时不时也能听到他震耳欲聋的哭喊。也许照顾孩子变简单，与孩子的脾气秉性并没多大关系，而是因为我解除了心上的负疚感。我会试着向一些特定的朋友分享自己的疲惫，说出内心的焦虑，我勇敢地释放了自己，然后就会看起来跟没事儿人一样了。不过有时我仍会想起带勃朗特的那段绝望的时光，往往是你早就黔驴技穷了，但孩子的哭声却丝毫没有要减弱的意思，这时，绝望和挫败感很容易就会潜入你的心。这样的情况看似是无解的，你什么也做不了，只能听着宝宝不停地哭。

第五章 哭个不停的宝贝

号哭宝贝和情感纽带

宝宝不停哭泣、很难哄，对你俩的感情有什么影响呢？

有三个孩子的二十八岁母亲萨拉（Sara）写下了她与两个孩子培养感情的经历，两段历程很不一样，她有一个孩子特别难哄。

亚历克斯（Alex，我的第二个孩子）出生后的前四个月里，从早到晚都在哭。当然，我很爱他，但很多时候我真的不想要他了。宝宝不停地哭，完全不理会你做了什么，真是没有什么比这更糟糕了，这会让你觉得自己很没用，而且与宝宝一点儿关联也没有。亚历克斯就曾经尖声大叫，连续几个小时拒绝喝奶，然后好不容易喂完奶，他还是会尖叫。后来我才知道，他有乳糖和大豆不耐受症，所以吃东西对他来说十分痛苦。我当时觉得这都是我的错，因为很明显是我喂他吃了这些东西，才令他这么痛苦的。说真的，有时候我真的很恨他，甚至幻想把他扔回到医院里。我去哄他、安慰他，好像从来都没什么效果，所以我感觉他根本不在意是谁在照顾他。他最近还被诊断出有自闭症，很明显，这也是他行为反常的一大原因。

他四个月大的时候，我们带他去了特雷斯利安家庭看护中心，经过治疗，他好多了，还第一次乖乖睡觉了。我也开始爱他了，因为我不再感觉那么筋疲力尽。我觉得，睡眠的好坏是你能否当好家长的关键，因为如果不睡觉，你根本处理不了任何事。

我生第三个孩子汉娜(Hannah)的时候,也很担心无法和她建立起情感纽带。她是计划之外怀上的,这就让事情变得更糟了,我甚至一度以为自己会恨她。不过后来,她经过剖腹产出生了,没有并发症,我也很快恢复过来,不像生前两个孩子那样惨遭并发症的折磨。这次,我有许多精力去爱她!我看到她的第一眼就爱上她了,如果她也像亚历克斯那样尖叫哭闹,我可能也会头大。她很娇小(才2.2公斤),但第一个月都没哭,等她开始哭的时候,我们已经培养出感情了,就已经没有问题了。

对许多女性来说,这段时期宝宝无尽的哭闹、自己的睡眠不足和由此产生的自信心匮乏、无法享受为人母之乐趣,都无疑让她们压力倍增,妨碍她们去感受内心所期待着的那份温情。这段经历可能会让你强烈地感觉到自己的不足。人们会不断发问,"他是个好宝宝吗?"这更让我们感觉如火中烧,就好像有尖锐物体在抓挠我们内心的那份自我怀疑一样。妈妈们要是回答"不是,他整天哭,我都不知道怎么办"的话,肯定会产生深深的负罪感,好像自己犯了什么滔天大罪一样。当别人问"他是个好宝宝吗?"时,大多数妈妈听进耳朵的其实是,"你是个好妈妈吗?"宝宝无穷无尽的哭喊就仿佛在告诉别人,"不,我不是个好孩子。"

哭泣: 宝宝们的神秘语言

宝宝们哭的原因可以有千百种,可能是饿了、累了、病了、尿了、生气了、受到过度刺激了、身上有异味了、肚子疼了、听到响声了、害怕了、孤单了、要抱抱了、被新的连身衣扎痒了、觉得热了、觉得冷了……我可以不断地这样列举下去。有时候宝宝们哭，单纯只是因为这一天他们接收了好多刺激性的图像和声音，像高压锅一样逐渐接近崩溃边缘。那些我们不会留意到的声音和体验，对于宝宝们来说，可能是无法承受的。而宝宝们没有其他办法去消减这些感觉，就只有哭了。就像在大人中，也会有一些人特别脆弱、敏感，因为大家都有自己与生俱来的脾气和秉性①。

宝宝们刚来到这个世界上时，是无法调节自己的情绪的，也不能用语言来表达自己复杂的情感世界。人们经常说，宝宝们在生命初期是十分简单的动物，只知吃、拉、哭、睡。但事实上，他们的精神世界要复杂得多，生来就能感受到难过、喜悦、惊讶、焦急、孤独、兴趣盎然、沮丧低落、生气、痛苦等诸多情绪，但却没有任何调节情绪的能力。既然不会说话，哭就是表达需要的唯一方式了。

当一个宝宝哭，不能说这就表明他和父母之间缺乏感情联系，母子之间的爱并不是哭闹的多少可以决定的。许多十分依恋父母的宝宝都会经常哭，反之，许多没有安全感的宝宝却很少哭，他们可能还会因此被认为是"好孩子"。最重要的是，当宝宝哭的时候，家长们作何反应，这才是最终影响宝宝管理情绪能力的因素。

没有家长可以每次都搞清宝宝的意思。在你们逐渐增进了解的过程

---

① 学术界有大量探寻婴儿性格对其处理外界刺激能力影响的研究。每个婴儿生来都有独特的秉性，以及"他能忍受的刺激的水平及范围"。——出自A.托马斯（A.Thomas）、S.切斯（S.Chess）所著的《气质和发展》（*Temperament and Development*）一书，纽约布鲁纳/梅其尔出版社，1977年。

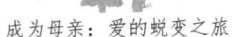

中,他无法用语言来告诉你哪里不对,就算是最善解人意的家长都很可能有搞错的时候,都可能会在安抚宝宝的时候感到无助。勃朗特最初几个月那持续不断的哭泣,就证明了我有多经常地误读了她给我的线索。然而渐渐地,我做得越来越好了。也许我能给她的最宝贵的东西并不是一些安抚技巧,而是我能够并且愿意去思考她哭泣的含义。我慢慢开始弄懂她每次哭的意思,做对的次数也超过了做错的次数。她跟我在一起也越来越安心,我成了她在这个未知世界里的避风港。

如果在宝宝们多次哭泣之后,家长们能做到大部分时间都体贴、敏锐、饱含善意地给出回应,那么宝宝们就很可能会产生自我安抚的能力。而这并不代表他之后就不会再哭了,那样其实反而是不健康的。那些天性敏感焦虑、较难适应外界刺激的宝宝可能一直都会更容易哭,就算长大成人之后也还是如此。但如果妈妈曾经充满爱意地安慰他,宝宝就会逐渐变得容易哄,也会逐渐去信任妈妈助他渡过难关的能力。

宝宝们怎样学习挺过各种感受

著名精神分析学家、儿童心理学家皮特·冯纳吉(Peter Fonagy)认为,婴儿们通过与母亲之间精妙的互动,来逐渐获得控制情绪的能力。这个过程是怎样的呢?在婴儿感到痛苦时,便会寻求家长的接近。而家长了解其需求后,会进行安抚,直到婴儿安定下来。就这样,婴儿表达需求,家长敏感回应,这个过程不断重复,婴儿就会逐渐了解到,所有的情绪都是可以忍受的,他们就再也不会被痛苦所压倒。

家长们不仅要理解婴儿的各种情绪和需要，还要能思考、消化、翻译这些信息，最终能成功安抚婴儿，并且逐渐掌控其精神世界。母亲们理解婴儿的感受，最终为其消减缓解这种情绪。在这种最为精妙的互动中，婴儿就会慢慢学会如何忍耐情绪，并最终成长为一个能感觉到情绪、但不会被情绪所击倒的健康的成年人。

"小心，你在带坏孩子"

"在孩子哭的时候，家长要怎么哄？"这一问题引发了社会热议，大众、媒体、家长支援组织都纷纷对此发表意见，也令问题变得越来越复杂。上一代人对于婴儿哭的问题，热衷采用无动于衷的态度，大家普遍都是让孩子自己哭一会儿，然后自己睡着。"费伯大法"，也称控制哭泣法，成为当时哄孩子睡觉的标准做法。理查德·费伯（Richard Ferber）认为，只要家长尝试把孩子放在婴儿床上，并逐步延长其自行哭泣的时间，直到他们"自己睡着"，这样做的话，疲惫的家长夜晚就能好好睡一觉，后来人们就用费伯的名字命名了这种方法。数以百万计的家长将此奉为哄睡神技，不过更多的人却道出了这样做的伤害，他们认为这种做法无论如何都是违反家长本性的。

近几年，人们又开始流行抵制"控制哭泣"法了[①]，社会健康科学家

[①] 威廉·西尔斯博士（Dr. William Sears）敦促家长们了解婴儿通过哭闹去沟通的重要性。他相信，婴儿们哭闹及获得回应的经历，让他们逐渐信任照顾者可以满足其需要。——出自威廉·西尔斯所著的《由着宝宝哭？坚决不要！》（Letting Baby Cry it out？Yes？No!），askdrsears.com网站2013年11月9日登发。

安妮·格辛和心理学家贝丝·马基高所著的《帮宝宝入睡：温柔技巧为何最有效》一书中[1]，就引用研究指出，当婴儿高度痛苦时，他们的大脑中会产生大量荷尔蒙，这可能对其发展造成损害。她们并不是唯一提出这个观点的人，越来越多实证研究都清楚指出，如果经常不理会哭泣的婴儿，长远可能对其造成生理伤害。

母亲智慧
妈妈们的亲身经历

妈妈1：在我决定采取"控制哭泣"法后，我的宝宝从每晚都睡整宿觉（她都在我怀里吃着奶入睡，这在当时是不被鼓励的），变成了每晚要醒六到八次。她也从以往很安心、有安全感的状态，开始变得烦躁、缺乏安全感。这时我才发现，这种方法是完全错误的。我读了很多相关的书，又花了很多力气，才让她变回原来那种安心、快乐的状态。我觉得"控制哭泣"法已经给她造成了长期的伤害，而且是治标不治本的。

妈妈2：我女儿前七个月都是喝着母乳入睡的，她那时很乐意叼着奶嘴被抱进被窝里，不过她经常会半夜醒来要找乳房或者奶嘴，重新吃到才能继续睡。我当时连续有四个月，睡觉时每隔一个半小

---

[1] 出自安妮·格辛（Anni Gethin）、贝丝·马基高（Beth Macgregor）所著的《帮宝宝入睡：温柔技巧为何最有效》(*Helping Your Baby to Sleep: Why Gentle Techniques Work Best*)，悉尼芬奇出版社，2007年。

时就要起来帮她把奶嘴重新放回嘴里，于是我找了个睡眠顾问到家里来，想要帮女儿戒掉奶嘴，让她能自己入睡。这位睡眠顾问让我的小宝贝尖声哭叫了四十五分钟，我们当时相信他是在做对孩子好的事，所以就坐在休息室里，任由这一切发生。女儿最后实在哭得太累，睡着了，两三个小时之后，她又再次醒来。睡眠顾问让我每隔三分钟进房间一趟，拍拍女儿的背，告诉她"没关系，现在该睡觉了"，然后就走出来。我在凌晨一点的时候，照着他的方法做了一个多小时，我全程都在哭，女儿在小床上站起来，爬向我，要让我抱，但我都没有理会。她在狠狠地哭，一直喊着"妈妈、妈妈、妈妈"，但我就是这样不管不顾。

两三个小时后，她又醒了，我再也没办法继续下去，我又给她喂奶，哄她睡，她睡着后我一直把她抱在怀里四个小时，我再也不想让她哭了。第二天，女儿都不看我们，她因为哭得太多都失声了，那天不笑、不说话也不玩耍，就只是坐在那儿。四天之后，她才恢复原本那种快乐的状态。我简直悔青了肠子，我永远不会原谅自己让女儿经历了这些痛苦和困惑。在那之后，我总是抱她、安抚她，给她很多的爱，让她逐渐戒掉奶嘴。当然这期间她也会哭，但不同的是，这次我是完全跟从了自己的心。我抱她，跟她说话，和她待在一起，全身心地爱她，再也不让她的哭声持续几秒钟。最终我并没有选择会对她造成心灵伤害的方法，却还是达到了同样的效果。

成为母亲：爱的蜕变之旅

面对哭泣的两难局面

如果对哭泣的孩子不管不顾，会对其身心造成影响，那么家长与孩子之间的情感又会受到怎样的影响呢？安妮·格辛和贝丝·马基高提醒家长，反复的"控制哭泣"会损害家长和孩子的感情联结。[①]健康的依恋关系中，婴儿信赖照顾者会聆听其痛苦，并给予持续的安慰，帮助他度过各种重压。但如果婴儿总被抛下独自哭泣，他就不会把家长看成安全的港湾，只会看成有时提供帮助、有时又袖手旁观的人。这样，双方就缺乏了培养信任的沃土。

在活动小组或母亲小组中，妈妈们对于孩子哭泣、哄睡的问题都有很多话要说。我一直记得，有次我参加一个活动小组，听到有位妈妈在讲述自己的故事。她笑着说起有一晚她儿子独自在小床上哭了四十多分钟，她回忆着孩子最终如何停止哭泣，说着还咯咯笑了起来。她说自己一边想着"多好的孩子，终于自己睡着了"，一边走进房间查看。孩子的确沉沉地睡去了，但他的一条腿却以奇怪的角度卡在了床边的护栏里。这位妈妈用了十分钟，才把他的腿解救出来，这时他又醒了，开始狂哭。小组里其他妈妈们听到这里也笑了，不过也有一些人像我一样，对这件事很没有把握的样子，甚至还有点儿难过。

我心里在为这个小男孩哭泣，他当时在黑暗中一定十分恐惧和痛苦，但最终却只好"放弃"，一直哭，直到睡着。我之后再也没有去过这个活动

[①] 2002年，澳大利亚婴儿心理健康协会（AAIMHI）发表政策声明指出，"控制哭泣"非但不符合婴儿身心健康的需要，还可能意外地造成负面结果。——出自安妮·格辛和贝丝·马基高所著的《帮宝宝入睡：温柔技巧为何最有效》，悉尼芬奇出版社，2007年。

小组。我曾经听过妈妈们因为自己让孩子一边喝奶一边入睡而自责，她们认为这些是坏习惯，最恐怖的是，她们竟然把抱着哄孩子睡觉都视作坏习惯。的确，这些习惯之后需要进行调整，但我认为，让孩子平安地在他们深爱的人的怀中入睡，难道不是很可爱、很安全的哄睡办法吗？

参加活动小组的那天，我就深深感到，我们对待婴儿和成年人还真是双重标准。如果我听说有朋友或亲戚哭着入眠，我一定会为他们的孤独感到深深的难过。如果一个客户告诉我，她在家庭聚会上歇斯底里地哭，但没有一个人去安慰她、去拍拍她的肩膀或陪她待一会儿，我简直会为她家人的冷漠而火冒三丈，并担心她能否挺过当时那种孤独的处境。如果一个成年人都会为这些事痛苦，我们又怎能指望一个心理资源更为匮乏的小宝宝去自我安慰、独自承担呢？

失败回应

当婴儿们被扔下独自哭泣，他们根本不会学习自我安抚。一旦没有了母亲的温柔保护，婴儿们就无法弄懂他们如何能自行调节情绪。安妮·格辛指出："婴儿们自己无法处理压力，他们最终会入睡，是因为他们放弃了，而并非他们学会了什么。"[1]

专门研究儿童发展和脑部创伤的精神病学家布鲁斯·佩里将这一过

---

[1] 出自D.托伊奇（D.Teutsch）撰写的《告诉绝望的母亲，别再控制哭泣》(Despairing Mums Told to Ditch Controlled Crying)一文，《悉尼先驱晨报》(Sydney Morning Herald)于2007年3月11日刊登。

程称为"失败回应"。①他指出,当人类高度紧张时,本能地会选择作战或逃跑。然而婴儿们无法移动,没办法逃跑,更没能力去战斗,此时一种独特的回应方式就出现了。婴儿们感觉自己"战败了",在没有任何对策的情况下,神经系统只好自行关机了。

佩里的研究特别关注到那些曾经接触过暴力和创伤的孩子,他的发现能令我们更好地理解上述这类做法对孩子的影响。他指出,婴儿会逐渐习惯于被抛下独自哭泣,他们开始哭得少了,学会快速入睡,成了通常意义上的"好孩子"。但如果我们更近距离地观察他们,会发现这些婴儿并不是心满意足的样子,而是眼神呆滞,表情凝固,或是看起来很无助。他们只是放弃了哭泣,因为他们不相信会有任何人前来施以援手。

硬币的另一面

现实情况是,宝宝们会哭,有的宝宝还会经常哭,还有的宝宝不管你做什么,都会一直哭下去。就像我之前所写的,我有时候也会不耐烦到一定程度,所以我只能给大家提供一个普通妈妈的一点儿经验,真的是很普通。可能你已经很明显地看出来,我是个"不哭哄睡法"的坚定拥趸,而"控制哭泣"法的很多理论都让我感到深深的担忧。但是……然而……我也接触过一些因睡眠不足而特别困倦的母亲,她们真的有可能

---

① 出自布鲁斯·佩里(Bruce Perry)、R.波拉德(R.Pollard)等人所著的学术文章《童年创伤,神经生物学适应以及脑部功能依赖性发展:状态如何成为特质》(*Childhood Trauma, the Neurobiology of Adaptation and Use-dependent Development of the Brain: How States Become Traits*),刊登于《婴儿心理健康期刊》(*Infant Mental Health Journal*),1995年,第4号,第16卷,第279页。

因为忽视了自己的疲劳，或因一时冲动气恼，而出手伤害到孩子，因为她们正常处理问题的能力已经被疲倦侵蚀了。

对这些家长来说，与其不给自己留出睡觉的时间，还不如有时候让宝宝自己哭一会儿，这样对宝宝的伤害可能反而更小一些。有时我的两个孩子会一起哭上好几个小时，我什么办法都试过了，尽我最大的能力去安抚他们了，可最终还是会被打败。而有时候，我把他们放在小床上就走开了，心里虽然感觉很难受，好像抛弃了他们一样，但他们真的会自己直接入睡。就好像他们此刻真正需要的，就是我给空间让他们自行恢复一下，他们就能够继续睡了。

普通的妈妈会尽量用最富温情的方式回应宝宝，大部分时间她们都会抱着宝宝安抚。不过，有时候她不得不走开，不得不让自己睡一会儿，有时候还会弄错宝宝的意思，或是完全不知道宝宝为何而哭。在这种原始的痛苦面前，她们会感到无助，有时能做的只是自己哭一场。但我认为，只要妈妈们做对的次数比做错的次数多，她就仍然是宝宝眼中最美的——一位充满爱、不完美、有时弄错意思但依旧体贴的母亲。

一些随想

- 有一个经常哭的宝贝是件非常痛苦的事，可能会令新妈妈们感到焦虑。但妈妈们一定要记住，孩子哭，并非因为你做错了什么事。有些宝宝哭，只是单纯因为他们更敏感，或者是因为胃部反流，或者是对周遭世界的刺激感到不堪重负。你应该多体谅自己，告诉自己你们仍然处在互相认识的阶段。

- 不要因为身边那些急着质疑你的人而迷失了方向、感到困惑。这些人会不断地质疑你喂奶的情况，质疑你怎么哄孩子，或是质疑你能否成为一个了解孩子的好妈妈。要记住，你肯定了解自己的孩子，事实上许多爱哭宝宝在"怀孕第四期"结束后就会变好了。

- 一个我认识的妈妈给了我一条绝佳的建议——戴耳罩。她的宝宝也是生性敏感，不能有太多刺激，不然就会每天哭上好几个小时。宝宝的哭声让她觉得非常恐惧和焦虑，简直要无法忍受了。于是她用戴耳罩的办法，让自己听不到哭声，不过她还是能听到宝宝其他的声音，这样她能够满面温和地抚慰宝宝，但又不会让自己觉得崩溃。我想这就是聪明的办法。

- 如果你的宝宝连续几个小时哭个不停，而你什么办法都试过了，那就休息一下吧。有时候我不得不强迫自己走开，即使是走开几分钟，这样我可以重新整理思路，想想宝宝哭的原因可能是什么。有时候休息几分钟，和彻底把宝宝丢下，让他自己哭上几小时，两件事是很不一样的。而你需要对自己好一点，稍事休息可能会让你的思路更清晰，而这或许也正是宝宝所需要的。

- 我觉得最开始带孩子，我的一大纠结之处就是在"陪伴勃朗特"和"给她制造一些刺激"之间找到平衡，尽管我知道她受到刺激后，需要一些"空间"来恢复。而一旦刺激过度，她会需要很长时间来平复，这是她的个性，她到现在也还是保留了这样的特质。所有这些，我只是需要一些时间来探索。

- 如果你觉得自己好像要失控了，千万要马上离开宝宝。你可以走进房间，关上门，做任何能让自己冷静下来的事，你可以劝劝自己，想想能做些什么来"改善这一刻"。你可以喝杯茶，涂点儿护手霜，给朋友打个电话，让孩子自己看看婴儿光盘。要记住，让宝宝自己哭上几分钟，肯定比你失控、猛摇孩子伤害要小。
- 你可以考虑带孩子去家庭医生或者护士那里做检查，确保不是身体原因让他哭个不停。
- 你应该向他人寻求帮助，并且要乐于接受别人的帮助。宝宝哭的时候，你肯定身心俱疲，所以更要找办法为自己重新注入能量，这样才能继续慈爱地回应孩子。

第六章
合拍：母子之间的精妙舞蹈

Becoming a Mother

A journey of uncertainty, transformation and falling in love

成为母亲：爱的蜕变之旅

> 你照顾宝宝的每一天，都是在做一件非凡之事。你每一次回应宝宝的哭泣，每一次感觉到他的饥饿，每一次为他换下浸湿的尿布，都是母子精妙共舞的完美抓拍。尽管这些育儿之旅中的小瞬间很快就会被忘却，但它们的力量却足以建立一段延续一生的感情。

昨天我坐在一家咖啡馆里，被眼前的场景吸引住了。我附近的一张桌子坐着一位年轻母亲，她旁边有个脸蛋圆圆、满面笑容的小宝宝，大概九个月大，正在用力嚼着一小盒葡萄干。看着这个小家伙每吃一颗葡萄干，都在不断测试着自己的精细运动功能，这真是一种享受。桌子的另一边，坐着一位年纪长些的妇女，我猜是孩子的姥姥。她正跟年轻女士聊着最近参加的老年人中心的巴士之旅。年轻女士笑着点头，并时刻留意着自己的宝宝。

这是个很普通、很日常的场景，有人可能会疑惑，这样的日常小抓拍有什么趣味呢。其实吸引我的，既不是对话内容（尽管我的确了解到了许多巴士之旅的情况），也不是小宝宝吃葡萄干，而是这对母子充满体贴和灵性的美妙共舞。

一开始是因为葡萄干。当宝宝把这盒葡萄干吃完的时候，他还想要，于是就可怜巴巴地望着高高的婴儿椅下散落的那些。他的下嘴唇开始抖动，似乎马上就要发出刺耳的尖叫了。一旁一直留意着他的妈妈立即过来，帮他把掉落的葡萄干捡起来，同时自己还能一边喝着卡布奇诺，一边继续和孩子的姥姥聊天。她不假思索地和孩子眼神交流着，发出安抚的声音，说着话来转移他的注意力。孩子果然很快把葡萄干的

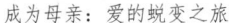
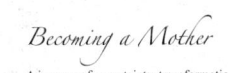

事抛诸脑后了,稍微玩了两下,就要找妈妈。那个女子立即把孩子抱起来,放在膝头上下颠着,还下意识地不时把盘子、杯子移开,以防孩子碰到。不过最后,孩子还是很沮丧地、绝望地号哭起来。

年轻妈妈站起来摇晃着怀中的宝宝,发出安慰的声音,轻抚他的脊背。姥姥还在继续聊天,没有留意到眼前的这些变化。孩子安静下来,开始把手伸向桌边的红色玩具车。母亲小心地把他放在车边,回到自己的座位。孩子开始开心地拍着车,回头看妈妈。母亲鼓励地朝他微笑,孩子又继续回头拍着红色车门。突然间,一群吵吵闹闹的两岁的孩子们爬上了车,宝宝满脸惊恐地回头找妈妈。几声焦虑的呜咽后,他很快哭了起来。年轻妈妈立刻走过去抱起他,他把脸深深埋进妈妈的肩膀,并且因为再一次回到母亲安全的臂弯里而感到无比放松。当宝宝幸福地依偎着妈妈,姥姥才好像第一次注意到了这个小婴儿,摇着头,干巴巴地发出了一句评论:"他需要你的时候,你就出现了。"

我离开咖啡店的时候,心里五味杂陈。我为这个妈妈出色的带孩子技巧感到惊叹。我自己有一个孩子在蹒跚学步,另一个还是小婴儿,我真是太清楚,就算和朋友简单碰面、喝杯咖啡,都太费劲了。要同时喝咖啡、与人聊天,还要始终注意着孩子的需要,绝对是个技术活儿。我每次出门回家,都会为孩子没有受伤而松一口气,整个人都累坏了。这位年轻妈妈很娴熟地掌握了怎么去和孩子互动。这可能是我臆想的,不过我觉得当她听到自己母亲说那句话的时候,挫败感开始出现在脸上。我离开的时候,心里也很沮丧,我觉得很难过,因为那位姥姥迟钝、幼稚的一句话,可能会狠狠地打击这位年轻妈妈的自信心,尽管她做得真的很好。她很能理解孩子，孩子需要回到她这个安全的港湾，需要逃回这个庇护所，因为在这里，会有人留意到他的感受，并及时做出回应，他也能逐渐学习如何冷静下来。这位妈妈做得很棒，不过和这位姥姥一点关系都没有。

这件事里让我最着迷的，还是这对母子看似简单的交流，其实就仿佛是一次柔美的合舞。这位妈妈即使是在和别人聊天、喝咖啡的时候，都始终把宝宝记挂在心头，仿佛在不经意间，捕捉着他的每个声响、每个动作。她抱起孩子，调整到舒适的姿势，用旁边的玩具车吸引孩子的注意，仿佛在跳一支步法复杂的舞蹈。其实妈妈这样做，就已经给了宝宝一样非常有力量、非常积极的礼物——一种与人合拍的经历。

始终把宝宝放在心间：终极的母婴共舞

若要更详尽地思考"协调一致"这一概念，应当去看看研究人员及理论家们谈及这个问题时，你对于其中的哪些概念感兴趣。这个"协调一致"的复杂互动过程究竟是怎样的呢？

心理分析学家威尔弗雷德·拜昂发现，母亲的主要功能之一，就是"抑制婴儿的情绪"。[1]简而言之，婴儿常会感到惊恐、不堪重负，并表达他们的需求。敏锐、有经验的妈妈应该能够辨识出这些情绪，并仔细思索，将其好好改造一番，再重新反馈给婴儿。她具体要怎么做呢？她

---

[1] 出自威尔弗雷德·拜昂（Wilfred Bion）所著的《从经验中学习》（*Learning from Experience*）一书，伦敦海涅曼出版社，1962年。

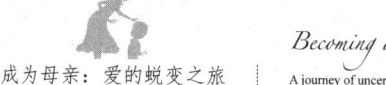

会思考,是什么事令孩子有了这些感觉。她会安抚孩子,让他明白:"我知道你觉得恐惧/生气/难过/饿/累/孤单……"

内行的妈妈并不会就此止步,她们还会用声音和肢体动作,将宝宝的情绪做一番改造,令其变得不再那么沉重,然后再重新反馈给孩子,这样婴儿们就能开始思考这些情绪。妈妈接下来可以继续轻柔地将孩子的注意力从引发痛苦的事物上移开。这样,婴儿的情感世界会渐渐变得稳定,他会逐渐知道"我的感受很重要,而且对于这些感觉我能应付得来"。

要做好这一点,妈妈们要有体察并思考婴儿心理状态的能力,这一过程被称为"心理化"。母亲会思考可能导致婴儿不开心的原因,并体贴地加以回应。①

这场精妙舞蹈的下个步骤便是"镜面反射",即母亲们用同理心去思考婴儿的感受,向他传达出"我听到了你的要求,我明白了,我会在这里帮你"的信息。这或许听起来很复杂,家长们可能觉得这是必须从教科书里学的高难度技巧,这些都可以理解。不过谢天谢地,事实上这是一项大多数家长天生就拥有的技能。所谓"镜面反射",其实就是体察宝宝的感受,关注他们,并在需要时给他一个温暖的拥抱。如果孩子在感到痛苦、不适的时候,经常能得到如此的回应,那他们就会渐渐发现并相信,母亲可以明白自己的感受,并能帮助自己支撑下来,母亲是一个安全的避风港。

---

① 母亲靠"身体护理"作为语言加以回应,告诉婴儿她"明白产生痛苦的原因及其对情绪的影响",而且"能处理并缓解这种痛苦"。——出自皮特·冯纳吉所撰的《依恋、自我发展及人格障碍的病理学分析》(*Attachment, the Development of the Self, and its Pathology in Personality Disorders*)论文,刊登于《人格障碍治疗》(*Treatment of Personality Disorders*)一书中,C.马费伊(C.Maffei)、J.德克森(J.Derksen)、H.格伦(H.Groen)编,纽约普莱南出版社,1995年。

协调一致：由许多舞步组成的舞蹈

如果要将"协调一致"这个概念套用在真实的母婴互动上，那么可以设想以下场景：窗外突然发出巨响，屋内的婴儿哭了起来。善解人意的母亲立即注意到孩子的痛苦变化，她抱起孩子，发出安抚的"嘘"声。

宝宝稍稍冷静了一些，母亲下意识地思考刚刚可能是什么事情导致了宝宝的痛苦，并试图将这些信息重新反馈给宝宝。"刚刚那一声巨响，吓到你了对不对……嘘……"她一边温柔地摇晃着孩子，一边缓步走向窗边。"嘘……声音已经停了，对不对？"孩子又安静了一些，但仍在抽噎着。母亲看向窗外，指着树上的鸟儿，说："啊，你看，树上有小鸟……小鸟也会发出声音对不对？来，我们听一听……嘘……"

母亲们理解孩子的能力，通常受到她自身反思能力的影响。大量研究表明，能更好理解宝宝的母亲，基本都有着良好的"反思心理"，简而言之，就是她们能分析出孩子的想法、感觉、渴望，并做出反馈。婴儿的哭声可能引发母亲们复杂、强烈的情绪，一个不停哭泣的婴儿可能会令母亲觉得无助，甚至发怒。如果我们有这些感觉，不代表我们不能理解孩子，事实上，能否仔细思考孩子的想法才是其中的关键所在。研究发现，能将自己的情绪和孩子的情绪联系起来的家长，即使在巨大的压力下，也更有可能和孩子建立起亲密的关系。[1]一个体贴、温暖的反

---

[1] 出自皮特·冯纳吉、M.斯蒂尔（M.Steele）、G.莫兰（G.Moran）、H.斯蒂尔（H.Steele）及A.希金斯（A.Higgit）所著的学术文章《理解心理状况的能力：家长、孩子的自我反思及其对两者关系的重要性》(*The Capacity for Understanding Mental States: The Reflective Self in Parent and Child and its Significance for Security of Attachment*)，《婴儿心理健康期刊》，1991年，第13期，第201—218页。

馈，可以增进家长和孩子间的信任，令孩子能更安心地依恋家长。

当舞步变得别扭……

当这个过程运行不畅的时候会怎样呢？母亲和孩子之间怎样的互动会导致误解呢？要更深入地思考这个问题，我们可以回头看看那个被巨响吓到的宝宝。刚才的情境下，他的妈妈用肯定、抚慰和鼓励来回应他，不仅让他觉得有人明白了他的感受，也让他知道这些感受并没有那么可怕。他的痛苦渐渐平复了，在妈妈的帮助下，他逐渐冷静了下来。

但是，我们也可能因为多种原因，而跳错了这个舞步，或在不知不觉间没能给宝宝正确的回应。如果我们自己都有些脆弱，或是宝宝一难受我们就会很惊恐，那样我们就很难给孩子提供温柔的安抚。这在日常生活中具体是如何表现的呢？让我们继续回到那个被巨响吓到的宝宝那里，看看事态还可能如何发展……

这时候，妈妈冲到宝宝身边，一把把他抱起来，凑近自己，她的动作因为紧张而略显僵硬。"嘘，嘘，嘘。"她急切地小声说着，这种语气其实是在向宝宝传达"别哭了，别哭了，别哭了……真是够了"的信息。她快速地上下左右摇晃宝宝，但这反而令他更痛苦了。妈妈疯狂地抓过一个拨浪鼓，在宝宝面前摇着，希望能分散他的注意力，但她的动作却传达出了一种焦虑。她其实已经无法忍受宝宝的哭声了，但她自己还没意识到，随后，这位妈妈也哭了起来，哀求着孩子的姥姥说"求求你把他抱走吧，我真的不知道该怎么哄了"。屋子里瞬间充满了脆弱、崩溃的

第六章 合拍：母子之间的精妙舞蹈

气氛，宝宝也感觉到了妈妈的惊恐，于是哭得更厉害了。他此时的哭声更加绝望，更加令人心惊，他只求用这种方式把妈妈吸引到身边来安慰自己。

作为家长，有时我们会觉得疲累、冷漠，这时我们对孩子的回应或许也会变得很不相同。让我们再次回到小宝宝与吵闹鸟的情境……

要是妈妈身心俱疲，或是被宝宝的哭声弄烦了，她可能要很久才会做出回应。有时她甚至会听不到宝宝的哭声，或是听到了也反应不过来。她会带着怒意抱起儿子，说"又怎么了？你害怕这响声了？其实没那么响，别哼哼了"。她不会轻柔地安抚，不会轻拍宝宝的背，不会充满柔情地凝视他，更不会去帮他转移注意力。她继续擦着长凳，没注意到宝宝仍然很痛苦。她想都没想，就把宝宝放在地板上，没留意到他仍然显得很焦虑、很脆弱。她以为自己已将孩子的恐惧感降到最低，并向他传达"不许哭"的信息。渐渐地，宝宝就会学着压抑自己的需求，因为既然我的感受不被人认可，那我干吗还要试呢？再过一段时间，他就会变得好像没有需求、没有感觉一样。

每个妈妈都会有那么些天，无法很好地去给予宝宝所需要的安抚和保护，你一定要记住这点，这很重要。我在最开始的时候，很努力地去理解勃朗特的哭声，还经常每天独自跟哭泣、烦躁的孩子待上十个小时，那时候自己都是很惊慌的，甚至在不知不觉间就把事情搞得比原来还糟糕十倍！当我折腾了一天很累的时候，我肯定没办法和宝宝心灵相通，没法始终充满爱意地去回应他们。

其实，我们不需要很完美，没有母亲可以始终完美地去理解宝宝。

每段母婴关系都经常会有互相误解的时候。我们的宝宝都是复杂的小动物，有着自己独特的表达方式。尤其是最初几个月，要弄懂孩子每次哭泣的意思并学会如何回应，的确是要下一番功夫的。

重要的是，当宝宝感到痛苦时，妈妈体贴、温柔回应的次数，要比不这么做的次数更多。即使我们不太明白宝宝每次哭的含义，但如果我们大部分时间都能柔声安抚，渐渐地，就也能与宝宝建立起稳固的关系。关键是，你要一直把孩子记挂在心头，并仔细思考他哭泣的含义，而不是想着自己能否很快让他停止哭泣。如果我们基本上能做到这样，宝宝就会认为我们是值得信赖的，是可以明白他的感受的。这样就足够了。

母亲智慧
妈妈们的亲身经历

妈妈1：有时候，我觉得自己完全不知道女儿想要什么，我试着给她喂奶，她哭，我试着给她拍嗝，她还是哭，我又试着把她放在床上睡觉，也还是没用。过了一会儿，我仍然觉得好困惑，到底她为何而哭。这种感觉真是糟糕透了。现在，我会努力更快地去找寻她给出的信号，这样做挺有帮助的，但有时我俩还是完全不同步，我就只能抱着她，有时我们两个还会一起哭。但我觉得，即使我不太清楚她到底在哭什么，这样做起码能让她知道，我在这里守着她。

妈妈2：我从来都不是那种能准确知道宝宝想要什么的妈妈，在这方面我一直都需要努力。不过,近来事情貌似变得容易些了。一开始我经常错,经常在女儿想睡觉的时候给她喂奶,在她累坏了的时候还试着和她玩。不过随着时间一点一滴过去,我渐渐能做得好些了。我经常观察女儿,我和老公也尝试着去记住她累了、饿了之前给我们发出的小信号。尽管我们现在还是会搞错,但起码我不觉得自己一窍不通了。

普通的母亲已经足够好

对于那些因为无法第一时间明白孩子的需求而感到焦虑、担心自己与孩子不合拍的母亲们来说,D.W.温尼科特所阐述的"合格的"母亲的概念(将在第九章中做更详尽描述),可能会让她们松一口气。在温尼科特眼中,"合格的"母亲不需要每次都弄对孩子的意思。[①]当她的孩子因为疲倦而哭泣时,她可能漏掉线索,反而用刺激性的方式来回应。这会让婴儿立刻变得焦躁,更加痛苦,此时母亲可能会感到,孩子并非因为无聊而哭,于是她尝试把孩子抱出过亮的房间,安置在安静的地方。这样,安全伏在母亲怀里的小婴儿也会渐渐安静下来,将头埋进妈妈的怀里。

母亲此时已与孩子同步了,她感觉到小婴儿需要安静,于是就留出

---

① 每日照顾孩子的母亲,都无法始终正确理解孩子及做出反应,这是不可避免的。合格的家长也会犯小错误,有时和孩子的关系也会出现裂痕,这很正常。随着时间的推移,最初数月完全适应照顾孩子生活的合格母亲会"逐渐没那么彻底投入,因为孩子对其失败的适应能力逐渐提高"。——出自D.W.温尼科特所著的《过渡客体及过渡现象:第一个"非我"所有物的研究》(*Transitional Objects and Transitional Phenomena: A Study of the First Not-me Possession*),《精神分析国际期刊》(*International Journal of Psychoanalysis*),1953年,第34(2)期,第89—97页。

空间,让她自行恢复平静。当婴儿已经恢复了,想要重新找妈妈,她就再予以回应。二人的关系就这样修复了,再度变得合拍。要成为"合格的"母亲,其实就需要这种"修复"能力,而并不需要始终能百分百准确理解孩子的意思。

日常每一刻

上周我和女儿在公园玩,儿子在我们身后的婴儿车里打盹儿。公园里到处都是疯跑着的小孩子,场面很混乱,也很有趣,还有些令人疲惫。公园里到处都是来自各行各业的妈妈们,有的在看孩子玩,有的和孩子一起开心地荡秋千,有的则在读书。我们的旁边有一个中年妈妈,身边围绕着三个年龄各异的孩子,他们正假装煮着卡布奇诺咖啡。这位妈妈完全投入到游戏中,她向孩子点了"饮料",当他们笑着端上用树皮和尘土做的下午茶时,她表达了赞赏,还假装付了钱。

其中最小的孩子还在蹒跚学步,看起来大概十四个月大,因为游戏区地面不平,他不停跌倒,身上到处都是撞伤和擦伤,哭了很多次。他的妈妈每次都伸出手去安抚他,不过也完全没落下咖啡馆角色扮演的游戏。我忍不住在旁偷听,惊叹她竟能和孩子一起"活在当下"。也许她正思考着晚餐做什么吃,也许她期盼着手中有杯真正的咖啡,也许她希望自己身在别处。但你永远也不会知道她到底是怎么想的。对她的孩子们来说,妈妈非常喜欢和他们相处的每一刻。

当我收拾东西准备走的时候,我走过去对她说:"我只想告诉你,刚刚半小时我一直坐在你旁边，忍不住看着你们，你和孩子在一起的样子太可爱了，看着你们真好。"她回答的时候眼里噙着泪："真的吗？从来没人跟我说过这些，是不是也没人和你这样说过？为什么人们不愿告诉你，你做得很棒呢？"

对于母亲们来说，这段漫长的旅程充满了无数个和宝宝调和关系的小瞬间。这些瞬间甜蜜中带着复杂，纯属天性驱动，而且是肉眼看不见的。这些小瞬间向宝宝传达出这样的信息："没关系，我在这儿，我明白你需要什么。我们可以一起解决这些问题，你可以克服这种感觉，你看，这样就可以冷静下来了。"

在这场精妙共舞中，婴儿学懂了什么是需求，也渐渐相信自己的需求会得到满足，这奠定了他与世界产生关联的基础。我们经常错过并忽视这些小瞬间。这些是一位母亲每天生活中最普通的部分，也是儿童心理学家们梦寐以求的瞬间。而奇妙的是，你无须去读任何教科书，只要下楼到小公园或是商场里，这些瞬间就会发生在你眼前。这也正是此刻你正在做的事。

一些随想

- 要记住，每对母子、母女之间都会有误解，尤其在最初几个月。要了解你的宝宝，破译他的每一声哭泣是需要时间的，重要的是你在其中倾注的体贴，你思考宝宝哭泣含义的能力，以及你修补误解的水平，而不是要求你每时每刻都要做对。

- 对我来说，育儿的一大挑战是分辨宝宝是需要情感交流和刺激，还是已经获得了足够的刺激，需要一些安静的自我恢复空间。渐渐地我发现，当我的宝宝看向一边的时候，经常是在表达她需要休息一下、刺激已经过度了的意思。有一本很棒的书能让我更好地理解这些，它叫作《你的神奇宝贝》(*Your Amazing Newborn*)，是克劳斯所著（详情参见书后的推荐书目）。如果宝宝能自带一本说明书的话，那就是它了。
- 要记住，你照顾宝宝的每一天，都是在做一件非凡之事。你每一次回应宝宝的哭泣，每一次感觉到他的饥饿，每一次为他换下浸湿的尿布，都是母子精妙共舞的完美抓拍。尽管这些育儿之旅中的小瞬间很快就会被忘却，但它们的力量却足以建立一段延续一生的感情。

第七章
婴儿的社交世界

Becoming

a

Mother

A journey of uncertainty,
transformation and falling
in love

成为母亲:爱的蜕变之旅

大多数宝宝在一周岁生日的时候,就已经成功掌握了全部的社交技能,可以和全世界去交流了。即便是这么小的宝宝,都开始闪现出对他人的同理心。当他们听到别人发出痛苦的声音时,自己也往往会哭泣。

一天，我和勃朗特一起看一档名叫《幼儿园》(*Play School*)的节目，这期正好是讲小婴儿的，当时我们刚把小儿子内特从医院接回家大概两周时间。所以勃朗特一看到这期节目，顿时就被迷住了。节目里一直在玩各种各样的游戏，通过故事和音乐来展现家中有新生儿的奇妙。内特在我怀里动来动去，急着要喝奶，我则饶有兴致地听着主持人向小观众们描述着新生儿是什么样的。他说："当宝宝们刚开始回到家，他们基本不做什么事。他们一直睡觉、吃东西、把尿布弄脏，基本就是这样啦。"当时，两周来，勃朗特一直看着弟弟不停地有各种需要，我很肯定她会同意这些话。内特就是个吃喝拉撒的机器，不过谢天谢地，他一直需要睡觉，所以勃朗特还能和妈妈一起做很多手工。

当时才两岁的勃朗特明显在这个话题上和主持人产生了共鸣，她咯咯地笑着。婴儿们的确都是简单的小生物，有时还有些让人烦恼。我也在心里笑了，不过我觉得，婴儿们所做的事情远不止这些，这些话语也概括不了婴儿们丰富的社交世界，这个世界其实从他们出生那一刻起就已经存在了。

成为母亲：爱的蜕变之旅
Becoming a Mother
A journey of uncertainty, transformation and falling in love

懂社交的新生儿

婴儿天生渴望与人建立关系，也许最明显的证据就出现在他们出生后的第一个小时。在克劳斯所著的《你的神奇宝贝》一书中，作者们指出，在父母抱起婴儿的那一瞬间，一些特别的事就发生了，这就奠定了他们关系的基础。[1] 婴儿这时进入了宁静、专注的状态，他凝视着父母的眼睛，吸收他们的声音，并做出回应。他如饥似渴地吸收，将在子宫中听到的声音和感觉，与突然出现在眼前的脸孔联系起来。他一动不动，接下来一个多小时，都被父母的脸孔迷住了。他在扫描，不断注视着父母的眼睛，这段时间，其实他们之间已经开始了最初的对话。然而这只是一个开端，未来他与父母乃至整个世界的关系都可能十分丰富、迷人。

研究者们对于新生儿细微的社交行为表现越来越有兴趣，儿科专家T.贝里·布雷泽尔顿（T.Berry Brazelton）及其同事彼得·沃尔夫（Peter Wolff）、海因茨·普雷西特尔（Heinz Prechtl）将婴儿出生后每分钟的动作加以分类，包括每次的焦躁不安、打嗝及面部抽搐。他们的工作富于开创性，而且十分艰辛。他们发现，婴儿天生就渴望社交，他们能够在相当短的时间内就表现出，他们能够认出母亲，并且相对其他人，更喜爱和自己的母亲交流[2]。

---

[1] 出自M.H.克劳斯及P.H.克劳斯（P.H.Klaus）所著的《你的神奇宝贝》，马萨诸塞州，剑桥珀修斯图书集团，1998年。

[2] 两位克劳斯做了一项很有趣的研究，验证新生儿有能力识别母亲的气味。研究人员将两个用过的胸垫放在婴儿床上——一个是孩子母亲的，另一个是陌生人的，并观察孩子的反应。研究人员惊奇地发现，出生不到两天的新生儿就会不断转向母亲的胸垫，表现出对母亲气味的天生偏爱。——出自M.H.克劳斯及P.H.克劳斯所著的《你的神奇宝贝》。

他们又做了进一步的研究，向婴儿们展示人脸图像及其他杂乱的图像和形状。结果显示，比起普通物体，婴儿们总是更偏爱人脸的图像。而且他们不仅会被脸部图像吸引，而且更明显地会被自己母亲的脸和与之相伴的声音所吸引。出生不到一天的婴儿在听到母亲的声音时，通常都会安静下来，当他们被母亲抱在怀里时，也会变得安定。在这安静而又戒备的状态下，婴儿们不仅会专注入迷地盯着母亲的脸，还会尝试模仿她的面部表情，似乎从一开始，新生儿就在倾听母亲的声音，感觉她的存在，并急于与她建立联系。

这听起来和《幼儿园》节目中描述的"只知吃喝拉撒的机器"很不同，不是吗？

我哭、黏着你、跟着你——都是培养感情的行为

当谈及婴儿的社交能力时，许多人通常会将孩子们的第一次笑当作重要的里程碑，当作孩子开始能够"回报"的标志。第一次笑的确是重要的里程碑，也是让许多疲惫、缺觉的家长们着迷的事情。这让他们感觉到，这个无助、需要人照顾的小婴儿终于有了另一面——他们开始渴望和我们产生关联了。而让许多家长大跌眼镜的是，其实从出生起，宝宝们就一直在尝试和家长们进行情感交流，他们所展现出的各种行为，本身都是为了吸引我们而设计的。

每种哺乳动物都本能地想要存活下来。与其他哺乳动物不同的是，人类的幼仔出生时更为无助，他们必须靠把母亲吸引到身边，才能获得

食物,才能在害怕时获得安慰。婴儿们无法移动,也不会说话,只能利用手头有限的资源,所以他们诱导我们做出回应的最主要方式就是哭。当他感到饥饿、劳累、害怕时,又有什么比哭泣更能吸引我们的注意力呢?大多数母亲都会说,无论自己多筋疲力尽,只要一听到孩子哭,就会本能地跑过去抱他。

当宝宝们长大一些,他们寻求情感依靠的行为就会更加精细和复杂。他们还是会哭,同时还会开始"跟随"。刚开始是用眼神跟着父母,后来就是用每分钟一千英里的速度跟在妈妈后头爬。婴儿每时每刻都想黏着妈妈,"她在哪里?我得离她很近才行",这种"黏人"其实就是他在寻求和母亲建立安全的情感联结。小婴儿好像在说:"我只有粘着你,才能逐渐看向外部世界。"然而,哭泣和跟随并非婴儿召唤家长的唯一方法,幸运的是,他们还有很多其他办法来吸引我们的注意力。他们会咕咕叫、笑、伸出手、攥住我们、发出一些小声音……即便是刚开始的两三周,他们都会回应我们的凝望、尝试报以笑容,用这些方式来与我们建立情感纽带。许多家长回忆起那些睡不好觉的梦魇之夜时,都会感慨道,"第二天早上走进他的房间,他正对着我甜甜地笑,我就把其他所有事情都忘了。"

也许在孩子出生之前,家长就应该明白,哭泣和黏人这些对孩子们来说非常富于挑战性的行为,不仅是用来"吸引注意力"的,更是用来寻求情感联结的。这些行为恰恰证明了,孩子是爱我们的,他们相信我们会满足其需求,在他们感到痛苦时进行安抚。你也可以用回应来传达"我就在这里"的信息。要知道,即使是最疲惫的家长,都可能从这些看起来毫不起眼的小瞬间中找到安慰，这些场景对我们来说可能一点都不重要，但对于宝宝的自我意识和安全感的建立却至关重要。

社交里程碑——哇，你都长这么大了

当父母刚把昏昏欲睡的新生儿带回家的时候，他们很难想象，仅仅一年之后，这个嗜睡、呆萌的小婴儿就会迅速变成一个可爱、温暖、有着诸多要求的学步小童，他们会对方圆五米内的所有东西都很感兴趣。这一路上，会有许多重要的社交里程碑，这也意味着在这个新生儿的体内，一种独特的社交个性正在萌发。

起初三个月，最重要的里程碑就是对视和微笑。婴儿们通过这两个动作，把我们吸引到身边，并表达对我们的兴趣。微笑或许是他们从别人身上感受到喜悦的最初信号之一。许多宝宝迅速发现，微笑是伴随着许多的温情和快乐的，也是与他人交流的方法之一。研究表明，人的一生中，每日微笑次数的最高峰就出现在大约四个月大的时候。

三至九个月时，婴儿们会开始展现出对别人，尤其是其他婴儿的兴趣。他们会好奇地盯着彼此，似乎有着自己的语言，还经常如痴如醉地伸出手去摸对方的脸颊。这些互动不仅仅是吸引人的，对于孩子们的社交发展也极为关键。孩子们一起玩，对妈妈们来说是一种解脱，也为孩子自己提供了奠定日后社交技巧基础的机会。这个年纪的婴儿还不会和别人"玩"，或是直接交流，不过与别人待在一起，其实也是朝着如何加入别人一起玩、如何解读暗示、如何为他人着想等重要技能

又迈近一步。

到了七至十二个月大的时候，大多数宝宝都开始展现出对分离的焦虑。在这段时间里，宝宝会更加偏爱自己的照顾者，对陌生人则常常很谨慎小心，即使是对他们从出生起就认识的亲戚也是如此。这段时间宝宝们每时每刻都想挂在妈妈身上，其实对妈妈们来说也是挺难熬的。不过在情感培养方面，这段时间也很关键，表明宝宝对父母有着强烈、健康的情感依赖。如果能敏感地加以处理，宝宝就可以慢慢走出这个阶段，开始和其他人交流，并将母亲当作避风港。

大多数宝宝在一周岁生日的时候，就已经成功掌握了全部的社交技能，可以和全世界去交流了。即便是这么小的宝宝，都开始闪现出对他人的同理心。当他们听到别人发出痛苦的声音时，自己也往往会哭泣。一些宝宝开始尝试着与人分享，他们会试图将饼干塞进你的嘴里，并把玩具交给你。这些小瞬间都表明，宝宝开始意识到其他人的存在，并开始和别人交流了。

宝宝们的游戏

除了宝宝们一系列寻求情感依靠的行为和他们不断抵达的各种社交里程碑，家长们还可能会陶醉地发现，宝宝能玩许多社交游戏，尽管很简单，但对其发展十分重要。

最近有个朋友带着三个月大的孩子来我家喝咖啡，让我发现了一些奇妙的事。她和我聊天的时候也抱着宝宝，当她的嘴唇动时，宝宝的眼睛就一直死死地盯着她的嘴，自己的嘴唇也动起来作为回应。我对朋友说："快看！她在学你！"朋友噘起嘴，我们都入迷地看着这个宝宝用同样的方式回应妈妈。

研究人员也探索过这种奇妙的行为——母亲和婴儿经常无意识地模仿对方。宝宝们会密切留意妈妈的眼睛和嘴唇，并经常十分敏锐地捕捉，试图做出同样的表情。[1]这样的"游戏"能让宝宝了解自己，了解自己和家人相处的方式，而且也不会太过刺激或造成干扰。D.W.温尼科特也承认婴儿"模仿母亲"的重要性，他认为，通过这一过程，婴儿们将逐渐产生自我意识。[2]

大约九个月大的时候，宝宝们通常会开始扔东西。扔吃的、扔玩具、扔钥匙，对他们来说都非常有意思。起初这种行为可能是无意的，后来就逐渐成为令人着迷的游戏，宝宝们会去寻找扔掉的东西，然后会开始看你的反应。妈妈会把它捡起来吗？渐渐地，他们开始故意扔，逗弄妈妈做出反应。对宝宝来说，这可能是世界上最搞笑的游戏，从中我们也可以看到模糊的幽默感、对因果关系的认识以及宝宝控制环境的能力在渐渐形成。"如果我扔，她就会过来，如果我还扔，她还会过来，要是我一直不停地扔，她就会一直不停地过来。"这样天真的游戏其实是很有趣的，因为它反映出孩子身心的发展。从身体角度来看，小宝宝现在可以抓起一个小物件，并把它从这个手换到那个手，还能协调上半身，

---

[1] 在《你的神奇宝贝》一书中，作者们详细阐述了新生儿模仿另一个人的面部表情的能力。
[2] 出自皮特·冯纳吉、G.哥格利（G.Gergely）、E.尤里斯特（E.Jurist）、M.塔吉特（M.Target）所著的《情感调节、心理化及自我发展》（Affect Regulation, Mentalisation and the Development of The Self），纽约其他出版社，2002年。

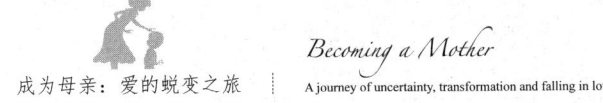

将物件扔出去——对这个小小身体来说,这可谓不小的壮举。

宝宝"寻找"掉落东西的能力也表明,他已有了"物体永恒"的概念。宝宝们通常在零至两岁,尤其是差不多九个月大的时候,就开始明白物体是永恒不灭的。一些东西不见了,不代表它们就不存在了。父母离开房间,最终还会回来;而东西掉落了,就要找寻一下它去了哪里。这个认知里程碑在"婴儿—幼童"的成长时间线上是非常重要的。更有趣的是这项简单的"掉落及寻回"游戏中所包含的社会和情感意义。婴儿依靠母亲找回掉落的东西,不仅显示出他信赖母亲会满足其需要,也表明他已意识到自己的行为会对他人有何影响。

对我儿子来说,每次我哄他睡觉的时候,他都觉得把安全毯从小床上扔出去十次是非常好玩的。他看到安全毯掉落的时候,甚至会疯狂尖叫(即使是他自己扔的),我把毯子捡回去的时候,他更是要笑炸了。但是对我来说,凌晨两点还要第十次地把毯子捡回去,就不那么有趣了。不过,我还是不禁惊叹于他那逐渐展现的独特幽默感。

"互惠主义"这个概念也会模糊地产生,宝宝们会在玩各种游戏的时候,表现出他能意识到你是一个独立于他的个体。他开始给你玩具,尝试与你分享,若你将玩具还回去,他会非常高兴,这显示出他逐渐发现你是另一个独立的人,并开始与你分享。"互惠主义"还有另外一些表现形式,比如宝宝试着喂你东西吃,给你吃他的奶嘴,或把别的东西拿给你。也许他是在尝试看看当别人的妈妈是什么感觉,尝试去思考别人需要什么。这些天真的行为恰恰构成了同理心和教养的最初基石。

随着孩子渐渐成长,游戏的本质和主题也会改变。他们会开始玩一些"妈妈和爸爸""医生和病人"的角色扮演游戏,虽然这些看起来没什么,但却可以给他们提供接下来几年社交关系的丰厚基础。当学步小童在练习扮演一个母亲时,实际上也是在培养自己与人协调的能力。当他们照顾洋娃娃时,也是在为将来的同理心、边界感及照顾他人打下基础。你也可以从中瞥见他们对"照顾"一词是如何感知的。

玩耍对于建立感情及发展的重要性

从孩子发展和母婴建立关系的角度来看,这些简单的游戏是十分重要的。不过,当我们在有一堆衣服要洗,还要打扫厕所的时候,坐在地板上玩堆积木、打钉板、躲猫猫这些最简单的游戏,好像是在浪费时间。要暂时放下那一堆"待办事项清单",陪伴孩子,其实是挺困难的。

然而,从孩子的角度来看,这些游戏是十分丰富、有意义的交流。当我们跟在宝宝后面,注意着是什么引起了他的兴趣,并为他的发现而高兴的时候,这些行为恰恰都传达出"你很重要""这个世界很安全、很有趣"的信息。在游戏中,你凝视宝宝、报以微笑和喜悦并跟从他的指示,这些小瞬间都会让他觉得和母亲产生了联系,而且有人能够懂他。

玩耍也给宝宝提供了认知发展的舞台。最初三年,随着神经元突触的生长和神经系统的形成,宝宝的脑部发育会出现惊人的提速。这个"接线"过程为孩子的社交、语言功能及认知能力的发展奠定了基础。如果宝宝没有经历这些刺激,那他们的这些神经"枝蔓"就会有很明显的被"修剪"迹象,发育也会受损。成长中的大脑就像肌肉一样,需要各种活

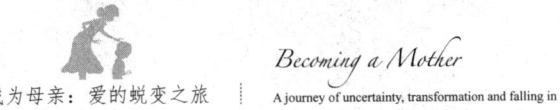

动和刺激,来助其开发出最大潜能,尤其在生命的前三年最是如此。

然而不幸的是,很多妈妈并不了解玩耍的概念。对她们而言,躺在地板上是那么奇怪和笨拙。尤其那些自己孩提时就没怎么跟父母玩耍过的家长,还有那些本身比较严肃、不太愿意像个孩子一样的家长,更是会这样觉得。

母亲智慧
妈妈们的亲身经历

妈妈1:我觉得我从来都不擅长和宝宝玩,在游戏小组我总是看到其他妈妈都很自然地和宝宝坐在地板上,欢笑着,做着傻傻的事,但我总觉得这样不自然。我每次这么做都会感觉自己很蠢。我觉得还有一个原因是,我总觉得自己还有其他更重要的事要做,当家里一片狼藉,我却和宝宝玩了一天,我就会觉得自己很放纵。现在回想这一切,我挺后悔的,我多么希望当时花更多时间和宝宝玩,能去享受每一刻。我儿子现在七岁了,我们还是经常一起玩,但我知道那些特殊的育婴时光再也不会回来了。

妈妈2:我不太记得小时候我的父母和我玩耍,当我生了儿子之后,我希望能和我妈妈做得不一样。我们家里总有很多玩具,有很多有趣的事等着孩子去做。但我发现,要坐在地板上和他玩,对我来说还是很困难,不过现在我貌似好些了。我有时在商店里看到其他母亲们和宝贝玩耍、聊天，好像对于一些妈妈们来说，这些事的确是要更容易些，也更自然些。

妈妈3：宝宝刚出生那年，我真的很爱跟他玩，看着他的小脸蛋被一些小东西点亮，让我觉得，我是在透过他的眼睛重新发现这个世界。拨浪鼓、积木、泰迪熊……都可以让他那么兴奋！现在他长大些了，玩耍时的要求也比原来高得多了，可我还是很享受和他一起玩。不过，最初那一年，还是有着特别的含义。

如果你没有自然而然地开始和孩子一起玩耍，你可能需要想想是否有一些潜在的原因。我们是不是感觉别扭、有些愚蠢，或是感觉游戏无聊？我们是不是给自己施压过重，还是觉得玩游戏是浪费时间？你可能要试着放下过高的期望值，尝试在可行的范围内，每天花更多时间陪孩子玩耍。如果在地板上坐一个小时对你来说太多了，那就尝试每个小时花上十分钟陪着宝宝，并表现出你对他们的发现的浓厚兴趣。其实玩耍也是一项需要学习的技能。

我儿子内特刚上托儿所不久，我就发现托儿所的老师们每隔一段时间，就会把玩具放在房间的不同位置。令我惊讶的是，他们并没有将一箱子玩具一股脑地倒在一个角落里让孩子们翻找，而是让他们自己去找寻想玩的东西，踏上发现之旅。房间里，这边积木搭了一半；那边洋娃娃躺在自己的床上，旁边还有奶瓶；再往那边，铅笔就放在漂亮、有吸引力的彩纸旁……老师们解释道："我们希望激发孩子的想象力，看看他们想要什么。"而老师只是跟着孩子，由孩子带领着一起玩。孩子想玩什么？他们发现了什么？我那次从幼儿园回到家，就对玩耍重新燃起了热情，每次孩子们小憩，我都会布置不同的玩具，搭建自家的"游戏区"。我到现在仍然能记得，当他们睡眼惺忪地看着眼前等待着自己的新历程，脸上露出了何其开心的表情。

"学习玩耍"听起来很奇怪，但我觉得要和孩子们一起坐下来，跟着他们的带领，透过他们的眼睛去看这个世界，的确需要一些思虑和耐心。也许我们越投入到玩耍中，就能越容易地找回那个深藏的童真的自己，我们的孩子一定会为此感谢我们。

期待成功的宝宝；期待失败的宝宝

这个有趣的概念是由儿科专家T.贝里·布雷泽尔顿发现的，当他在波士顿一家儿童医院照顾婴儿时，发现孩子处理简单任务会有两种截然不同的方式。他的观察对象是九个月大的婴儿，每人都会给两块同样大小、形状的积木。观察者先把积木放在一起，等着看婴儿们的反应。期待成功的婴儿们经常会把一块积木掉在地上，并看着观察者，仿佛在说："你会去把它捡起来吗？"

当观察者把掉落的积木还到他们手中后，婴儿会再次把积木掉在地上，并请研究人员再帮他们捡。如果研究者"嗯嗯"两声，表示不会再这样做，这些婴儿通常就会把积木再放到一起并等候着研究者的夸奖。九个月大的时候，这些婴儿就已经收获了足够多的夸奖和肯定，令他们十分信赖自己成功的能力和引起注意的能力。

然而期待失败的婴儿的反应却会有所不同。他们可能会把积木放在一起,但不会笑着、期待地看着你。他们显得很犹豫,好像觉得自己有什么事情失败了。如果你给他们的任务是要搭一座塔,这些婴儿会过去把塔弄倒,但并不会露出"是不是很有趣"的调皮笑容,而是会显得很泄气,并回避别人的眼神。他们不期待成功,要么是因为身心发展迟缓,要么是因为别人给予的夸奖和鼓励太少,令他们觉得所有任务都是无法完成的。

并不只是吃喝拉撒的机器

婴儿们是复杂的,尽管最初几周他们可能很嗜睡,看起来还呆呆的。不过有足够的研究表明,事实上婴儿们早就发育完全,能够认出我们、与我们交流并建立融洽的关系。他们从第一天起,就对我们很迷恋。我们可能在不断地换尿布、喂奶过程中,漏过了那些互动交流的瞬间,这些交流都是新生儿们找寻社会自我的方式。一个月一个月飞快过去,我们和宝宝们玩的游戏也不知不觉成了他们与人联结、学习和理解社交的舞台。他们渐渐明白了什么是与人产生关系。

理解这些简单、良性互动的含义是很有帮助的。当你遇上一个艰难的日子,要记住,宝宝的行为都是有目的的,这点十分重要。宝宝们是复杂、有趣的小生物,明白了这一点,初期的挑战就不再那么令人生畏,艰难的日子也不再那么漫长了。

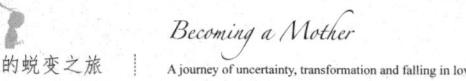

《幼儿园》节目播完了，我女儿自己走开，去和洋娃娃玩儿了。我惊讶地看着她把娃娃抱到近前，盯着它的眼睛。

"你饿吗，小宝宝？"

她轻柔地把一个假想的奶瓶递到娃娃嘴边，并让它躺在假想的小床上，为它盖上毛毯。她停了一下，又把毛毯拿走，换了一块抹布盖在它身上。"太热了。"她小声地自言自语到。她轻抚着娃娃的脸颊，看起来若有所思，好像在思考她的小宝宝在想什么。此时我的心里却在思考，勃朗特在想什么呢？那一刻，我仿佛看到了未来那个温情、体贴、已为人母的她，从这么小就已经渴望去抱她的"宝宝"，并思考宝宝有何需要了。

时间一分一秒过去，勃朗特抬头看我，露出鬼精灵的笑容。

"吃饼干，妈妈！"

我走向厨房，去拿那十分重要的饼干，内特在我怀里睡得迷迷糊糊的，微微动了一下。我的小姑娘，这朵小交际花，在后面几步之遥的地方跟着。

一些随想

- 宝宝们是天生的社交家，天生就懂得与人和周围的世界交流，这些互动也奠定了他们心理社交发展、管理情绪、与他人建立关系的能力的基础。

- 要记住，哭泣、黏人、模仿等行为都有着非常重要的作用，它们表面看起来可能是为了寻求关注，实际上，把这些行为当成"寻求关系"或许更恰当。
- 宝宝们的社交发展很明显会经历许多阶段，其中一些阶段可能对母亲的要求尤为严苛。不过，你要知道，这些阶段终究会过去，这一点也许会让妈妈们不再觉得压力那么大。
- 玩耍是孩童世界里很重要的方面，也对母子之间的关系至关重要。每天花一点时间去表达你对宝宝的世界的喜爱，无论是他们画的第一幅画、搭出的小塔，还是他们在泥里打滚、在青草上走路。每天和宝宝分享这些喜悦，能够拉近你们之间的关系。

第八章
这又是漫长的一天……

Becoming a Mother

A journey of uncertainty, transformation and falling in love

成为母亲：爱的蜕变之旅

当宝宝哭得比平常多，更加渴求身体接触，而且换尿布、穿衣服的时候变得很不爽，活动减少，也不愿吃东西，睡眠质量也不好，那他就是进入了"退化期"。"退化期"通常发生在宝宝第10、13、20、27、40、48、55、64和78周的时候。

这又是十分漫长的一天。在家带孩子的生活经常很单调，不过有一些日子会比较独特，因为它们实在太漫长了，所以会给你留下深刻的印象。在这些日子里，时间好像凝固了，一秒钟都好像一个小时那么长。当我遇上这些日子，我会一直看着钟表，数着每一分每一秒，直到把孩子哄睡着放到小床上。这时，我才终于可以在一整天艰苦卓绝的奋斗后，获得一个小时的清静。不过并非每天都是这样难熬，大部分时间我都是满怀幸福的，有时心中甚至满是狂喜，还有许多日子里我会觉得很期待，就像在过土拨鼠日（北美传统节日）一样（唉，我是不是刚刚才换了尿布？）。那些我想要大声尖叫、想要逃离的疲惫烦乱的日子并不多。但如果我说完全没有，那肯定是骗人的。

今天就是这样的一天。从我一早被已经在蹒跚学步的内特吵醒，到最终两个孩子都入睡，我能够呼出一口长气，其间的每分钟都好像一个小时那么漫长。每一分钟我都要努力从内心深处唤醒我那正迅速衰减的耐心。这一天，即使是最简单的事情都变得很折磨人。其实我每天要做的事都一样：换尿布、喂奶、做午饭、陪孩子玩、睡觉。但今天，每个任务都难到无法想象。

一大早五点钟，内特就哭喊着把我们吵醒了，我去给他换尿布、穿衣服。他喝了半瓶奶,就把剩下半瓶洒到地板上。我把奶瓶拿走,他就愤怒地嚎叫。他还把麦饼吃得头发上、地板上都是,我去给他弄干净,他却对着我暴怒起来。我煮咖啡的时候,他抓着我的腿,很着急地要我抱。我一把他抱起来,他就安心了,不过这时热水烧好了,我轻轻把他放在地板上,想让他自己玩儿玩具,但他还没接触到地板,就先哭了起来,紧紧抓着我,拼死要待在我的怀里。我心里怒吼着:"我就不能自己待会儿吗!"但表面上只能忍住,只能疲倦地再把他抱起来。我看着那一大堆没洗的衣服,深深叹了口气,刚烧好的水又凉了。

这一早上,我们都在哭泣、发脾气、发牢骚,不过最后还是挺过来了。我觉得自己就像一根绷紧的橡皮筋,那个扣系得太紧了,我几乎都喘不过气来了。我终于熬到了打盹儿的时间,我用了一个小时把儿子哄睡着,我拍他、唱歌、发出"嘘"声,最后终于能够蹑手蹑脚地溜出房间,把门带上。但他没过十分钟又醒了,愤怒地尖叫起来,生怕妈妈不在家。我努力地想再把他哄睡着,但这次,我所有的"把戏"都没用了,最后只能恳求勃朗特去车里,我们一起带弟弟出去兜兜风,这已经是我的最后一招了。

"为什么啊?"勃朗特问到。

我努力用最温柔的声音说:"宝贝,因为弟弟今天不肯睡觉,我们一起出去兜兜风,看看附近有没有马,好吗?"不过我的语气里还是有掩饰不住的紧张。

老天保佑,勃朗特兴奋地爬进车里,她也很希望看到马。但她不知道,布里斯班很少有马,我们可能要开很久才能看到。然后我把内特抱到车座上,他立即开始反抗,扭来扭去、站起来、哭喊着、弓起背,我几乎没办法给他系上安全带。我努力用最温柔的声音安慰他："宝贝没事儿的，快进去吧，我们一起去看马马喽！"我试着给他一块饼干，鼓励他自己坐下。我们"搏斗"了五分钟之后（谁会知道小孩子这么有力气），我发现自己正在对他吼："坐下！"勃朗特也生气地看着内特，说："内特，快坐下！你对妈妈太凶了！"我立刻停了下来，我是不是也听起来很凶？内特这时哭得更厉害了。最后，我们终于坐上车出发了，我已经筋疲力尽，几乎睁不开眼了，勃朗特也睡着了，内特却全程都醒着，一直在摇他的拨浪鼓。我们一路上一匹马也没看见。

这些日子我就像受刑一样，很老实地说句心里话，这些时候我真的是一点儿也不享受当妈的感觉。这些时候我也经常很担心，我是不是一个好妈妈。有时我觉得自己没法冷静，用尽了全身力气，才勉强把那些激烈的反应压下去，然后默默走开。

还好，这些艰难的日子并不会一直持续下去。我注意到，有时这些悲惨的日子会持续一周，有时则是零星一两天。重点是，只要这些日子不会一直持续，我和孩子在一起的大部分时间都是很好的，那就行了。这些艰难的时光一般很快就会结束，我所困惑的是，是否有办法可以帮我们走出这个糟糕的阶段呢？

富有挑战的时期

许多因素会影响母亲和孩子彼此联络感情的方式以及他们双方的"舒适"感，其中最明显的一点就是母亲的身心状态。我认识的所有母亲，只要是对自己和他人诚实相待的，就不会不承认，有些日子就是会很糟糕。就像其他所有工作一样，有时候我们会一起床就感觉精力充沛，迫不及待地去上班，但有时候就是觉得很累、很烦躁，只想自己一个人躲起来。而不幸的是，当母亲这个"工作"是不能请病假的，不能因为心情不好就旷工，你也几乎没有时间去调整自己的状态。

有些时候我们自己感觉不太对，宝宝们也会觉察到这种细微的情绪变化，感觉到我们内在的不平衡。我们或许跟平时一样，熟练地发出正确的安慰声音，做出各种动作，但宝宝对我们的疲倦并不免疫。可能只是因为我们的面部表情有些呆滞，抱他的动作有些许不同，回应哭泣的时候稍慢了那么一丁点儿，但因为我们就是他的整个世界，他就会因此感觉内心不安。不过孩子们唯一的反应就是哭。从这中间，我们也可以窥到母婴之间那精妙绝伦的舞蹈，以及我们的情绪状态会对宝宝产生怎样微妙的影响。

反过来又怎样呢？宝宝的身心状态又会对母婴关系产生怎样的影响呢？

母婴矛盾阶段

海德维格·H.C.范德里特布鲁、弗朗兹·X.布鲁研究了在婴儿正常发育期间，明显母婴冲突阶段的发生频率。①他们观察了初生小猩猩的

---

① 出自弗朗兹·X.布鲁（Franz X Plooij）、海德维格·H.C.范德里特布鲁（Hedwig H.C. Van De Rijt-Plooij）所著的《婴儿倒退：行为混乱及转变阶段的开始》(*Infantile Regressions: Disorganisation and the Onset of Transition Periods*)，《生殖及婴儿心理期刊》(*Journal of Reproductive and Infant Psychology*)，1992年，第10卷，第129—149页。

发展路径，发现它们在出生后的最初几个月里会有一个明显展现出倒退行为的阶段。而这些行为常常会影响母猩猩照顾幼崽的方式。

研究人员又用同一个实验框架，长时间观察十五对人类母子，并发现了一个对全球所有睡眠不足、饱受折磨的家长来说非常安慰的情况，不过不幸的是，这一点却很少有儿童健康专家们讨论。研究人员观察到，所有婴儿都会经历一个明显的行为倒退阶段，他们会比平时哭得更多，会寻求更多的身体接触，同时会伴随至少一项下述行为：

- 睡眠减少
- 害怕其他人
- 行为幼稚
- 每餐进食量减少
- 换尿布/穿衣服时闹别扭
- 活动减少
- 搂抱东西的时间达到最高峰
- 搂抱母亲的时间达到最高峰

对家长和儿童健康专家来说，这项研究中最为有趣实用的成果，是研究出了这些退化行为最经常发生在什么时候。研究发现，母婴冲突的"最高峰"发生在孩子出生后的第10、13、20、27、40、48、55、64及78周。大多数母亲都会发现，有时候孩子会变得"特别黏人"或者日子会变得"特别难挨"。如果你知道，宝宝像跟屁虫一样黏着你的日子原来有这样一个科学名称，还有大量的相关研究，会不会感觉好一些？

成为母亲：爱的蜕变之旅
Becoming a Mother
A journey of uncertainty, transformation and falling in love

"我觉得我没有一件事做得对！"

我觉得每位家长，尤其是母亲，在生孩子之前、出院之前，都应该了解这项研究中的部分内容。最重要的是，家长们要知道，有些特定的时候，你的宝宝非常难搞，他们会一直哭，不停要你做这做那，直到把你逼疯。不过你一定要记住，这些都是正常的。如果所有母亲在最初几个月就能知道这些，并能有人安慰她们，她们要安然度过这段日子会容易多少呀？如果她们知道在婴儿和幼童发育期间，这些都是正常阶段，便一定会自信得多，与原来完全不同。

此外，在这项研究中，女性们还纷纷反馈，如果她们对孩子感到恼怒，便会产生自责；如果在别人面前，自己的孩子表现得很难搞，便会觉得很丢脸。这两大深刻的感受——自责和丢脸，会导致许多女性选择独自挨过这段时间。她们会压抑对宝宝的感受，生怕被人认为自己是不爱孩子的坏妈妈，因为害怕他人的看法，她们渐渐变得与世隔绝。她们会避免外出，因为害怕孩子会哭、会黏人、会令旁人觉得这个孩子很难管束，或觉得她们是不合格的妈妈。

不幸的是，这样对母婴的影响都很大。如果婴儿有许多需求、很难哄，而他的妈妈感觉生活没有希望、很孤独，甚至感觉自己不合格，这些因素综合起来可能会带来潜在的灾难性后果。范德里特布鲁和布鲁发现，处于这一阶段的婴儿们极易受到母亲"不良反应"的伤害。焦躁不安、很需要人的婴儿们此时对母亲的反应也更为敏感，而在巨大压力下的母亲，这段时间也更有可能做出较差的回应。她可能对孩子连续不断的哭泣和"求关注"感到不堪其扰，对宝宝的态度可能会变得更强硬，或者不愿和孩子接触，不去回应他的哭泣，甚至在极端的压力下，会对宝宝怀有敌意。

如果你不想在这段时间里破坏自己和孩子的关系，那么就要忍受他的渴求，并冷静敏感地做出回应，这比什么都重要。如果你此时处在社交隔离的状态中，担心着内心的羞愧和他人的审判（无论是你主观感受到的还是客观存在的），那么，这一切将会变得更加困难。

不失自信熬过挑战

或许当母亲们认识到，这个恐怖阶段对孩子的健康正常发展是有必要的，她们就能更容易地熬过去。尽管这段时间很艰难，但是宝宝们实际上却是很需要这种磨炼的，这能让他们向着更独立的状态迈进。此外，母亲回应宝宝的方式，也会影响到他们发展新能力和新技艺的过程。儿科专家T.贝里·布雷泽尔顿博士在研究"发展节点"时也研究了这个方面。①他发现，婴儿的认知、情感、动作发展并非是按部就班的直线发展，而是会砰然爆发。

让我感觉很有趣的是，布雷泽尔顿博士发现，对于这些爆发式的增长，婴儿和父母们都要付出一定的代价。因此这段时间会变得很艰难，

---

① 与弗朗兹·X.布鲁、海德维格·H.C.范德里特布鲁的研究相似，布雷泽尔顿也发现，婴儿和幼童会经历倒退阶段，在他们成长发育冲刺之前，会经历一个内部混乱的阶段。——出自T.贝里·布雷泽尔顿所著的《儿童敏感期全书》(Touchpoints: Your Child's Emotional and Behavioural Development)，美国艾迪生维斯理出版社，1992年，以及T.贝里·布雷泽尔顿、J.斯派洛（J. Sparrow）2003年所著的《发展触点模型》(The Touchpoints Model of Development)。

成为母亲：爱的蜕变之旅
Becoming a Mother
A journey of uncertainty, transformation and falling in love

令人筋疲力尽。布雷泽尔顿博士观察发现，在孩子出生后的第一年中，会有七个这样的阶段，第二年则有两个，第三年也有两个。每个阶段都很重要，因为虽然处在这些阶段之中时会很艰难，但这个过程却能让婴儿们实现发展突破，学会新的技能。他们学着坐起来，学着找玩具，渐渐地会爬、会走了。虽然我们累坏了，但宝宝们却能因此变得更强大。

布雷泽尔顿博士发现这些之后，就花费大量时间，去提醒刚生完孩子的父母，他们将会遇到一些艰难的时期，并安慰他们这些艰难之旅是完全正常的。大部分家长知道这些后，也都能更冷静地度过这段时间。当艰难来临时，只要母亲们一早有心理准备，并且知道这是孩子健康发展的必经之路，她们就能打消不少疑虑。

如果妈妈们知道这些艰难的阶段是正常的，而且其他所有母亲都会经历，这会帮助她们保持自信，并提升其忍耐宝宝烦躁哭泣的能力。如果她们在游戏小组或母亲小组里观察其他孩子，也会了解到，原来这样的艰难时光真的是非常普遍的。

母亲智慧
妈妈们的亲身经历

我是三个孩子的妈妈，每个孩子出生后，我都会在家附近的早教中心参加"十二周母亲小组"，每次结束后也都会和其他组员保持联络。其中的第一个小组到现在大家都还保持着联系，已经差不多有十年了。我们支持彼此走过了那段缺觉的日子，共同分享怀孕和婚姻的得失，分享各项生活大事，比如第一次微笑（宝宝的），当然还有泪水（自己的）。孩子很小的那段时间，我们都非常紧张、脆弱，这时候有这样一群了解你、了解你走过的道路并和你互相扶持的人，是很重要的。

他终于睡了……

我好累，太累了。我用尽最后一丝力气爬进被窝，睁眼躺在那里。明天，我们可能得把今天所有的事再重复一遍，想到这里我不禁颤抖了一下。我觉得自己整个人都被掏空了，对于可能像马拉松一样的明日，我简直充满恐惧。不过当我回想起当年带女儿的经历，我就会明白这些都是正常的，这只是一个必经阶段，并不会持续下去，这样想给了我一些安慰。我知道，虽然有些日子很艰难，但也会有许多很美好的日子，会有许许多多……

我发誓我要一直铭记这一点。就算儿子第一百次抓住我的腿，我也要努力保持冷静，并用安慰、关切的眼神回应他。我默默发誓要尽量透过他的小小视角来看待这个世界：明白对他来说，周边世界原来是那么让人疲倦、不堪重负的。明天我会一直开车，直到他睡着，如果他一直不能睡熟，我也不会有太大压力，而且我会满心感激地拥抱我的女儿。明天又是新的一天了，谁知道明天会发生什么呢，也许这次我们真的能看见几匹马。

一些随想

- 当宝宝哭得比平常多,更加渴求身体接触,而且换尿布、穿衣服的时候变得很不爽,活动减少,也不愿吃东西,睡眠质量也不好,那他就是进入了"退化期"。"退化期"通常发生在宝宝第10、13、20、27、40、48、55、64和78周的时候。大多数妈妈都反映,最严重的是第62周和第66周,此时孩子发脾气的次数会明显增加。

- 要知道,这些艰难的"退化期"是正常的,不代表你的宝宝难搞,也不意味着你是个不称职的家长。它们本质上只不过是婴幼儿发展的必经阶段。

- 要记住,这些阶段终会过去,之后的生活会变得更容易。

- 有时我会退一步,尝试更客观地去观察孩子的反应,想想他可能是在表达什么。这样听起来有点傻,但却能帮助我和孩子去讨论眼前的问题。我会问内特:"怎么了,小家伙?你今天是不是不太爽?"或是对他的挣扎发表一番评论,比如:"亲爱的,你没法把勺子放进嘴里的时候真的很难受,对不对?"我肯定,要是我的邻居们看到这一幕,他们要么会觉得超级搞笑,要么会觉得我疯了。但是这样做之后,我就不会因为孩子们做出不好的行为而怪罪他们。

- 要是碰上艰难的时期,你一定要对自己好一点,这很重要,只有这样你才能在内心失控的情况下,仍然冷静、有爱地去对待宝宝。你也可以把孩子给老公或者好朋友带一段时间，让自己有机会休息一下。这种休息是很重要的，不仅可以让你得到体力上的补充，也能让你的情绪得到修复。去休息一下，做做深呼吸吧，提醒自己这种累坏了的感觉是很正常的，你已经在尽量做到最好了。

- 这段时间里，"正念"疗法成了我的庇护所，我后来也还会用这个方法去迎接育儿之旅上的其他挑战。"正念"并非冥想，而只是一种敞开心扉、充满好奇、活在当下的能力。如果勃朗特和内特要求太多，没完没了地哭，我就会尝试把自己从脑袋中那疲惫不堪的自言自语中抽离出来，把注意力都集中到手头正在做的事情上。我洗手，感觉水在指尖流过；我冲一壶茶，看着水从壶中淌出；我走到室外，去听听鸟叫。这些时长只有两分钟的断路器，却恰恰能帮我透一口气，然后以更平静的内在状态去重新和宝宝交流。

- 你也要留意宝宝即将到来的飞跃进步，这种进步可能很不显眼，像是突然抓起一件玩具之类，也可能是里程碑式的，比如迈出第一步。不管怎样，你都要相信，是自己温和对待宝宝、不断鼓励他们，才帮助他们达到了这样一个新高度。

第九章
世上没有完美的妈妈

Becoming a Mother

A journey of uncertainty, transformation and falling in love

成为母亲：爱的蜕变之旅

　　要成为一位"合格"的母亲，你必须在大部分时间里都很体贴关切、善解人意——但并不需要所有时候都这样。当你失败时，你要原谅自己；缺乏自信时，你要多给自己一些同情。这个世界上的任何地方都没有完美的母亲，都只是平凡的人们在做着非凡的事而已。

昨天是母亲节，这一天所有的妈妈们都应该美美地吃一顿大餐，应该有人不吝辞藻地对她们表达感谢，因为她们长年累月地为了照顾另一个人而做出太多牺牲。为了纪念这一天，我们当地的一家广播电台举办了"年度最佳母亲"评比，邀请儿童、青少年和女性们来提名自己的母亲，并和听众分享为什么自己的母亲是"最佳"。这些播出的分享都很温馨，赞美了母亲们多年来的无私奉献。故事里，有的母亲总是在倾听，有的母亲为了子女放弃了自己的需求，有的母亲"总是陪伴在旁"。许多打进电话的女性都说，母亲就像自己"最好的朋友"。还有人长篇大论地阐释，母亲就是自己最好的老师。

但我还是得承认，尽管我很喜欢听这些分享，但这个比赛本身让我有点生气。谁有权力来决定谁是"最佳母亲"呢？你怎么能说这个妈妈比那个更完美呢？我们需要把育儿也变成一场比赛，去证明谁是最好的吗？生活中，你只要参加游戏小组、母亲小组，或在学校门口接孩子，都会明显发现，这个世界要求母亲变得完美的各类比试已经够多了，电台又何必再来这么一出，搞乱这个节日呢？

不过，先把这些愤怒放在一边，这个节目的确引发了我的一些思考。它让我不禁想到，我们为什么不能办一个比赛，不评年度"最佳"母

亲,而是评选年度"合格"母亲呢?如果不仅一位母亲能拿到一等奖,而是每位母亲都能拿到"合格母亲"奖,所有人的贡献都能得到认可呢?"合格"又到底是什么意思呢?当然,还有一个更难问出口的问题,"不合格"的母亲又是什么样的呢?

温尼科特的"合格"母亲理论

"合格"母亲这一概念过去被许多人随意摆弄,是D.W.温尼科特最早给它下了定义。[①]这个人对婴儿情绪和社交发展非常着迷,尤其对这些的发源地——母婴关系熔炉更为有兴趣。他对"合格"母亲的刻画是革命性的,他认为女性无须当完美的母亲,但在一些关键的育儿方面,母亲们还是需要做得足够好。

初期的"合格"母亲

那么"合格"这个概念确切是指什么呢?温尼科特认为,其主要前提是,母亲要能适应孩子的需求,不过"合格"这一概念在不同的阶段都会有不同的含义。

刚出生的小婴儿是最无助的。他们对眼前这个崭新的世界不知所措,却还必须努力接受一系列让人眼花缭乱的刺激,同时他们的感官也

[①] 出自D.W.温尼科特所著的《过渡客体及过渡现象:第一个"非我"所有物的研究》,第89—97页。

承受着重压，还将第一次体会到饥饿、疲倦、舒适等诸般感受。此时作为母亲最重要的就是要帮婴儿去应对这个令人疲惫的新世界。"合格"的母亲会"抱着她的宝贝"，不仅是身体上，更是精神上。她要在这段时间里，安抚孩子慌张的心情，完全去适应孩子的生活，并跟随孩子给出的线索，满足他们的要求，让其感觉安全又安心。

最初几周真的很折磨人。每位母亲想必都记得那些缺觉的日子，那时孩子的需求仿佛没完没了，每天要不停地喂奶、换尿布、哄睡觉，即使对于准备最充足的家长来说，压力也还是很大。不过尽管这段时间让人抓狂，但对于培养双方感情可谓是至关重要的。温尼科特认为，如果一位母亲在初期能或多或少适应孩子的强烈需求，便能让婴儿产生对周围环境的控制感和安全感，他们会相信母亲始终会满足自己的需求。此外，这段时间还将奠定孩子和母亲感情的基础。"跟随宝宝"是成为"合格"母亲的基础，然而对许多女性来说，这是最难也是最折磨人的一个阶段。

母亲智慧
妈妈们的亲身经历

我带第二个孩子的时候真是不堪重负，甚至都无法正常活动。有一晚，我因为实在没法应付，急得全身湿透——当时电话在响，女儿在哭叫，有人在敲门，晚饭在锅上煮着，洗衣机轰隆作响，狗在狂吠，老公在和我说话，而我自己只想去个厕所……最初一两个

月,我就像生活在人间地狱一样,我这辈子从来没有这样不知所措过。事实上我都已经过得忘了时间和日期,只想挣扎着去完成每件事。我会看着这个尖叫的小家伙,冥思苦想要怎样才能让她安静。我曾经以为自己想要三个孩子,但生完第二个之后我便知道,要是再生我肯定会死的。

如果面对这些压力来源,面对最初几周的绝对疲惫,母亲们在面对孩子需求的时候,仍然能继续提供无微不至的回应,那她无疑就是"合格"的。妈妈们在这段时间里可能感觉筋疲力尽、饱含泪水,觉得自己应付不来,但若她们仍能坚持喂孩子吃奶、给孩子换尿片并给予安慰,她就是在帮助孩子向好的方向转变。

六个月及之后的"合格"母亲

让许多妈妈大松一口气的是,最初几个月的紧张会随着时间而改变。宝宝们的的确确会长大,他们会开始咿呀学语,动来动去。当他们的行为变得不一样时,我们的育儿方式也必须随之变化。由于孩子的身心在不断发展,我们照顾和回应孩子的强度每个月都需要不一样(当然这也是为了母亲的心智正常)。温尼科特建议,"合格"母亲应该逐渐让婴儿进入"相对独立"的阶段。

宝宝们渐渐会开始意识到,他们的需求是会得到回应的,虽然可能不是每次都能立刻得到。随着宝宝渐渐长大,母亲仍然会回应他们的哭泣，但也许不用像刚开始的时候那么迅速了。因为她可能还需要去喂别的孩子，或者有一大堆衣服要洗，而且慢慢地，宝宝会学着忍耐自己的需求。这些细微的失去，也是让他们为将来的生活做好准备。他们开始尝试在妈妈的陪伴下，去探索更广阔的世界，探索的过程也不再令人窒息。

一些初期适应得非常好的妈妈们，可能反而会在这个阶段感觉更有压力。因为小婴儿们逐渐长成幼童，对妈妈的依赖逐渐减少，可能会令一些母亲产生强烈的悲伤、焦虑、难过、失去的感觉。许多母亲都表示，她们在孩子一岁生日的时候会感觉无比的忧伤，因为孩子"不再是原来那个小婴儿了"。这种无法名状的悲伤或许正是因为，她们和孩子的关系不得不发生改变了。

"合格"母亲会给自己空间去体会这些心情，同时也允许孩子继续去探索，去跨越新的挑战，去逐渐提升自己的身体机能。为人母的旅程，就是要不断为了孩子的发展需要，为了他们日渐发展的独立性，对自己做出调整。然而有一点是不会变的，无论孩子是六个月大还是六十个月大，母亲都需要为他们构建一个安全的避风港，让他们在其中尽情探索。

安全感周期

肯特·霍夫曼（Kent Hoffman）、格伦·库珀（Glen Cooper）、波特·鲍威尔（Bert Powell）发现，母婴之间存在着"安全感周期"。

母亲在其中扮演避风港的角色，她们让婴儿或幼童在感到安全的情况下开始探索这个世界。① 在安全的依恋状态中,婴儿知道父母会在他需要的时候出现,并为此感到安心。他相信父母会一直注意着他,并随时准备提供帮助和安抚。他可以选择回到母亲这个避风港中,他相信只要自己有需要,母亲总会欢喜地张开双臂迎接他。

如果母亲不愿放手让孩子离开自己去探索世界,或是当婴儿回到父母身边寻求安慰时受到冷遇或责备,这个"安全感周期"就会产生问题。把孩子"抓得太紧"会令双方的依恋关系变得病态,反之,心中"记挂"孩子不够,也会对母婴关系和孩子日后的幸福产生灾难性的影响。"合格"的母亲会在初期完全适应孩子的需求,随后逐渐把孩子"松开"。对孩子来说,这样的探索仍是安全的,因为身后有个庇护所,随时可以回去。之后,母亲仍然需要继续回应孩子,但无须始终在第一时间回应,这样孩子会渐渐懂得,母亲仍然会回应自己,满足自己的需求,但可能需要耐心等候一会儿。

在这支精妙的舞蹈中,母亲们很可能无法每一步都跳对,她们会有失误。但"合格"的母亲有能力修复双方的互动关系,让这支舞蹈从头开始,给孩子信心去探索世界,并满心欢喜地迎接孩子归来。

---

① 出自R.马文(R.Marvin)、R.库珀(R.Cooper)、肯特・霍夫曼及波特・鲍威尔所著的《安全感周期项目:情感干预及新手照顾者和儿童的双边关系》(*The Circle of Security Project: Attachment-based Intervention with Caregiver–Pre-school Child Dyads*),《情感及人类发展期刊》(*Attachment & Human Development*),2002年4月,第4卷,第1号,第107—124页。

妈妈们知道自己是否"合格"吗？

也许对于前文那些分享自己故事的妈妈们来说，一部分艰辛来源于她们许多人是在真空状态中独自带孩子，在现代西方社会，这样的人越来越多。我们大多在核心家庭中生活，其他大家庭的成员则住在很远的地方，同时许多人的伴侣需要长时间工作，很少能帮忙。我们可能会出门参加邻近的游戏小组，在家附近的咖啡馆坐坐，去店里逛一下。但事实上，几乎没人能目睹我们的育儿历程，能给出反馈的就更少了。即便得到反馈，也可能是毫无帮助的。

许多女性可以证明，很少有人会就带孩子这件事对她们表达赞美和夸奖，但当孩子在商场里刚显露出发脾气的迹象，就会有几个行人等着看笑话，等着去评判你！而讽刺的是，男人虽然也是孩子的主要监护人，但只要别人看见他们带孩子，就经常会报以赞赏，赞美的数量远远高于在他旁边坐着的那十个同时带好几个孩子的女人。

所以，当我们得不到理性的反馈，我们要怎么判断自己是不是"合格"的母亲呢？怎么判断我们是否在某些方面做得还不够好？

母亲智慧
妈妈们的亲身经历

妈妈1：我觉得我是个好母亲，但我是自己得出这个结论的，没有人告诉我，我做得到底怎么样。我有此想法是因为我尽力去做好

成为母亲：爱的蜕变之旅
Becoming a Mother
A journey of uncertainty, transformation and falling in love

每件事！当然我也会犯错，离"完美"还很远，但我觉得，母亲们得到的认可实在太少了。其实人们在自己真正去生儿育女之前，都很难理解这个过程有多么吃力。我生孩子之前其实就觉得，我妈妈都没干什么，我现在算是被上了一课了！

我那些没孩子的朋友对于我老公带孩子这件事，那是每天十小时、每周六天地夸啊，"天哪，他多努力啊！"但却没有人想到来夸夸我。如果你希望靠这些夸奖、认可来获得动力，这样的确是会令你伤心的，我有时也会感觉有些困惑。但我知道，所有其他妈妈们都会理解我的辛劳，所以我也不用去说服全人类来肯定我。我对自己表现的认知全都来自我和孩子的关系，而非他人的评价。

妈妈2: 我对我的孩子有着赞叹和敬畏之心，我觉得这是让我成为好妈妈的因素之一，只有真的喜欢和孩子在一起的人，才能称得上是好妈妈。我发现我想效仿的那些母亲，统统都是真正喜欢孩子的——是打心底喜欢、欣赏孩子的（当然所有妈妈都爱孩子，但有些人很难享受和孩子在一起的时光）。我也只能在理性的驱使下，让自己去喜欢上和孩子在一起的时光，让自己花时间去见证这个小家伙有多棒……我很高兴我努力这样做了，为了孩子，这样真的很值得。

老天知道我走过了一段艰辛的日子，当我年纪渐长，在母亲这个新角色里体会了更多之后（嘿，我当妈才只有三年），我发现我做得还不错，尽管我只是自己这样想。当妈不像上班，有老板或是客户告诉你，你做得怎么样，不过你的心会给出答案，此时此刻我的内心觉得自己做得很好。我们需要听从内心，听从其他妈妈的意见，需要去读一些书，看一些资料。我在这个过程中听从了自己的本能和天性，我很高兴我这样做了。

当一个好母亲其实是一种心境，如果你相信自己，你就已经成功了。你的孩子需要你去勇敢做自己，也需要你在感到迷茫和挣扎时向他人求助。其他人可以告诉你，你做得很棒，但如果你不相信，这些话又有什么意义呢？然而时下社会倾向于在所有事情上都去责备母亲们，这点我不能接受。社会又为母亲们做了什么呢？我已经听够了母亲们不断的自责，例如"我没法喂奶""我带孩子去打疫苗太晚了""我周末度假没有带上孩子"等诸如此类的话语。其实，只要你的孩子健康开心地活着，你就已经履行你的职责了。

学着去适应

要当一个"合格"的妈妈，我们必须要能适应新环境。"合格"这一定义在宝宝刚出生时，和他六个月、一岁、三岁时，肯定都是不一样的。当一个"合格"的妈妈，并不是要给孩子提供惊人的、完美的、教科书式的照顾，而是要当一个普通母亲，做普普通通的事。在妈妈和孩子每天喂奶、换尿片、玩耍、睡觉的过程中，这首精妙的舞曲就这样悄然奏响了。

然而大多数情况下，这场舞蹈不会被人注意到。其实令一位普通母亲变得非凡的真正原因，在于她和宝宝联系感情的能力，在于她允许宝宝朝周围探索，也会向宝宝提供安慰，在事情搞砸后也有能力去修复彼

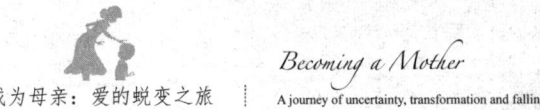

此的关系。当宝宝脾气大爆发时，当我们感到崩溃时，或是当我们没能抓住宝宝给出的线索，导致他哭过了劲时，这时"修复"是上策，我们可以重新去寻找线索，可以对宝宝说"对不起，妈妈不该这么做"。这个世界上其实并没有完美的母亲，但如果我们许多时候都能做对，并能不断重新打起精神，那么，即便我们有时蠢透了，我们也还能算得上是"合格"的母亲。更重要的是，在孩子眼里，我们是完美的。

一些随想

- 一位"合格"的母亲只要足够好就行了，并且需要一些适应能力。宝宝对我们的需求会随着时间一直改变，对某些母亲来说，某些阶段会更容易，然而有些阶段，对于一些人来说压力没有那么大，对另一些人来说却很煎熬。总之，我们都要在这段复杂的旅程中努力做到最好。

- 现如今，许多妈妈都不自觉地走入与他人比较的怪圈，无论是正面的还是负面的。我们应该去鼓励其他家长，倘若有些人太求胜心切，会消耗你的动力，或是触碰到你的"我不合格"按钮，你就应该谨慎考虑，是否还要选择她们当你的同路人。

- 自从我自己成为一位母亲，我就发现，我最敬仰、最能产生共鸣的，并非是那些完美的、无所不知的母亲们，反而是那些敢于分享自己略显混乱、不太完美的生活的同路人，她们让我重新燃起热情，也让我能勇敢地去分享埋藏在心中的焦虑。这些美丽的女性帮助我成为更好的母亲，仅仅因为她们允许我去做自己，不用再假装无所不知。

- 要成为一位"合格"的母亲，你必须在大部分时间里都很体贴关切、善解人意——但并不需要所有时候都这样。当你失败时，你要原谅自己；当你缺乏自信时，你要多给自己一些同情。这个世界上的任何地方都没有完美的母亲，都只是平凡的人们在做着非凡的事而已。

第十章
共同养儿育女的挑战

Becoming a Mother

A journey of uncertainty, transformation and falling in love

成为母亲：爱的蜕变之旅

> 我们每个人都有一套育儿脚本，有人会参照父母的方式，刻意选择与之相仿的育儿方式，这是复制型。也有人是矫正型的，即刻意选择和上一辈不同的方式，将原有的脚本进行大量改写。而很多人的育儿脚本都是很复杂的，糅合了复制型和矫正型两种。

当我们刚刚开始和伴侣谈论未来某一天要组建一个小家庭的时候，我们很少会意识到，我们其实是在谈论一项不可思议的挑战。我们那时候都很兴奋，想着终于要做出下一步的承诺了，脑海里也全都是满溢着爱的画面，比如一家人温馨地窝在一起；或是带着宝宝在沙滩上跑，宝宝仰慕地抬头看着爸爸妈妈；还有圣诞节一早七点起床，一家人一起兴奋地拆礼物……对不起，我有点儿忘乎所以了。

我们起初总是会幻想，会和丈夫很自然、很完美地一起养育孩子，而事实上，情况却十分不同。我们觉得自己肯定会成为完美的家长，我们两个在照顾孩子的时候也肯定会意见一致。不过也许，事实可能不是这样……

当勃朗特一岁半的时候，她开始变得每次睡前都要哭很久，想要我们其中一个人一直抱着她、哄她直到睡着。但问题是，当我们抱着她的时候，她又不是真的要睡觉，而是一直玩，但要是一不抱她，她就马上又开始号哭，非常非常响的那种。最开始我和老公还觉得很搞笑，我俩会互相翻翻白眼，吃吃笑着，露出一副"又来了"的表情。然后我们尝试想办法，希望她能自己一个人入睡，这个过程很艰难，但因为我们是作为一个团队一起在解决，事情就变得没有那么难以忍受了。

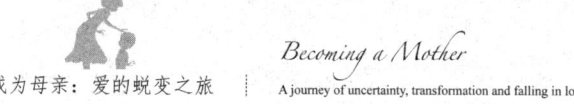

但时间一周一周地过去……很快，这样的情况已经持续了几个月，勃朗特哭的时间也越来越长。我和老公也不再朝着彼此翻白眼或是咯咯笑，而是会在走廊里碰到的时候冲对方嘟囔一句"你试试吧"。我们都很累，每一个夜晚结束后，都变得更加筋疲力尽，我们对女儿的耐心快要消磨殆尽了。我们不知道还能怎么做，但还是一直尝试着不同的办法，希望突然有一天能找到打破僵局的办法。

有一天，勃朗特哭了好几个小时，我俩不断起床去看她，并尽量悄悄地退出来。就在此时，我老公恼恨地一甩手，说就该让女儿自己一个人去哭。

等等，你刚说什么？！

他说："我们就应该别再进去看她了，这样只会更糟糕。她得睡觉，我们别再进去了。"当时是凌晨两点。

勃朗特还是继续哭个不停，我也开始哭，我对老公说："这太荒谬了，她现在那么痛苦，你竟然觉得可以去控制她的哭泣！"我又冲进女儿房间，抱起她，直到她最终入睡。当我终于能够步履蹒跚、拖着疲惫的身子走去床边睡觉的时候，我发现老公已经在安然地打鼾了，完全不理会周围发生了什么。

只能说，这不是我俩团队协作中的美好时光。

我们有怎样的父母，就会成为怎样的父母

实际上，我老公也不认同"控制哭泣"法，但那一晚在孩子哭了好

第十章 共同养儿育女的挑战

几个小时后,已经是凌晨两点了,再加上之前的几个月晚上都睡不好,他那一刻太无助了,所以才会这么说。而我当时也没能冷静地处理,而是马上反应说"你到底在想什么",并迅速对他的育儿理念进行了一番审判,最后决定自己孤军作战。通过这件事我们明白,当你的孩子哭了好几个小时,一直到凌晨两点,此刻并不是夫妻二人深入讨论彼此育儿哲学的最佳时机。

我和老公大多数时间的育儿方式还是很相似的,我俩照顾、管教孩子的理念、想法也大体同步。但我们仍然需要一起努力,要持续不断地努力才行。我们在生孩子之前,就讨论过很多,比如自己的家长是什么样的,我们希望将来自己成为什么样的家长等。我们都很清楚,彼此的家庭背景不同,会很自然地影响我们对待孩子的方式。这些对话交流是很有价值的,也为我们之后的育儿旅程打下了良好基础。然而,上面这个片段反映出,当我们承受压力时,彼此之间的这种差异仍然会表现出来,需要大量的妥协和沟通才能够很好地解决。

儿童和家庭心理医生约翰·宾·霍尔在研究上一辈的育儿影响以及家庭疗法时,提出了多项革命性的成果。[1]他认为,我们每个人都有一套育儿脚本,有人会参照父母的方式,刻意选择与之相仿的育儿方式,这是复制型。也有人是矫正型的,即刻意选择和上一辈不同的方式,将原有的脚本进行大量改写。而很多人的育儿脚本都是很复杂的,糅合了复制型和矫正型两种。然而当我们面临很大压力的时候,我们的反应可

---

[1] 出自约翰·宾·霍尔(John Byng Hall)所著《重写家庭脚本:即兴创作及体制改革》(*Rewriting Family Scripts: Improvisations and Systems Change*),纽约吉尔福德出版社,1995年。

能会变得更加简单粗暴而且无意识。这时候,我们会一触即发,会突然发现自己在机械性地打孩子,或是那个平时一直希望自己能冷静的人,此时却在对着孩子大呼小叫。

当夫妻二人开始共同抚养孩子,就可能会遇到层出不穷的复杂问题。每一对伴侣,都可能是童年经历完全不同的两个个体,其中一个可能成长于非常严格、鲜有情感流露的家庭,另一个可能成长于很宽松、做什么都行、没有一致规则的家庭。这二人要么会选择去复制各自父母的育儿脚本,要么会故意选择不同的方式,但在相互配合的过程中,他们截然不同的育儿方式可能会引发冲突,尤其在压力大的情况下,两人都会不自觉地恢复到原生家庭的育儿脚本,出于本能地去处理事件。这时,夫妻二人对于育儿的期望和想法就可能会显露出来,任何差异都可能成为冲突的源头。再加上孩子可能本身较为棘手,就更需要夫妻二人真正携起手来,给孩子提供清晰一致的行事界限。

如此说来,我觉得夫妻二人要共同抚养孩子,还真是一件极富挑战的事,不管是在个人生活还是职业发展方面,都需要双方考虑周到、竭诚付出,并通过大量真诚的交流来保持同步。每对夫妻都多多少少是这样的。

一起养孩子的那些热点问题

在我给其他夫妻做咨询时,还有在我自己的夫妻关系里,我都逐渐发现,在整个育儿旅程中会有一些"热点问题"。这些问题或里程碑事件正是夫妻一起育儿时可能会遇到的挑战。当他们带着各自的价值观和想法面对彼此，甚至是带着双方父母的价值观坐在一起时，便可能会产生冲突和争论。通常在生活转变阶段，比如孩子出生、生二胎、孩子进入青春期的时候，这些"热点问题"会最为突出，不过在孩子整个成长过程中，这些问题会一直存在，也会随着家人需求的转变而变化。

在孩子出生后的第一年，我们在照顾婴孩时要处理许多复杂、累人的问题，通常会产生更多冲突。陪睡、喂奶、日常生活，还有热门的"控制哭泣"问题（告诉你，在凌晨两点，这个问题还会变得更热），都可能成为冲突的源头。当宝宝渐渐长大，热点问题就可能会围绕着培养规矩、双方父母的介入、重返职场、出门参加活动等事项。等孩子到了读书的年龄，热点问题就可能会变成选学校、参加运动项目、孩子交友、花多少时间与孩子相处……总之，问题将会源源不断。

许多紧张的对峙，其实都暗藏着关于家务、照顾孩子等事项的持续不断的冲突。当我们发现自己在一个星期里已经第四次说"……不是我该干的活儿"，并在怨恨、被忽略等情绪中苦苦挣扎时，这就说明你遇到了"热点问题"。

大多数夫妻都会在某些时刻需要去处理我们治疗师所说的"引爆器"。当我们与伴侣或孩子产生问题或冲突时，我们可能会突然发现，自己的反应比应有的更加极端和原始。这就说明，这个问题本身可能引爆了你之前没有处理好的情绪。当我们面对育儿之旅上的"热点问题"时，洞悉自己和伴侣的"引爆器"是至关重要的。

成为母亲：爱的蜕变之旅

Becoming a Mother
A journey of uncertainty, transformation and falling in love

母亲智慧
妈妈们的亲身经历

妈妈1：我第一个孩子自己带了三年，老公才回到家里，那时我俩完全不同步，甚至可以说连对方的影子都看不到。我是一个很依恋孩子的母亲，但我老公却爱得深沉。我们第二个孩子现在二十二个月大，我还在给他喂奶，但老公在孩子四个月大的时候就劝我断奶。不过我们最终还是走过来了，有时候我都不知道我俩是怎么办到的。

妈妈2：我和我老公大部分时间意见都很一致，不过日常落实这些想法时，还是会不时产生分歧。当你很忙/累/压力很大的时候，会很难保持冷静清醒，所以我俩无法一直按照自己最理想的方式照顾孩子。我俩通常在一个人很痛苦的时候，另一个就会站出来帮忙（不过，显然要两个人都在家的时候才能这样）。我发现我俩都很喜欢一本育儿书中（网站）给出的育儿策略，所以有时我们会参考那个。

妈妈3：我们在要孩子很久之前就已经讨论过怎么育儿了（我们差不多在一起九年之后才生了第一个孩子），当时就确认两个人是同步的。所以问题并不是如何达成同步，而是要脚踏实地开始去做。一些夫妻在结婚或要孩子之前探讨得很不够，却还一直纳闷为什么两人达不成共识。

妈妈4：我和我的伴侣在育儿方面完全不在一个平面上，这主要是因为我俩生长在两个迥异的家庭。这些年来，这一点引发了许多问题，我俩也发现要找到折中的办法是很难的。这期间，我们所做的最好的选择就是去看了行为心理学家，她帮助我们更加了解彼此，并慢慢找到变得一致的办法。我们最大的问题是，他因为工作关系很少在家，但他在家的时候，总让孩子逃脱惩罚，这样当他不在家的时候，我就要面对非常棘手的后果。后来他有段时间需要主力照顾孩子时，就发现了自己之前这种做法的负面后果，自那之后他就意识到孩子需要稳定的教导，也开始跟从我的带领了。孩子也懂得了我和他爸爸现在是同步的，不能像过去一样明一套暗一套地钻空子了。

妈妈5：最重要的就是沟通和一致，要达到这个状态可能很难，但努力是很值得的。整个家会因此而变得冷静、顺利许多。

妈妈6：我在育儿理念方面读了不少的书，做了不少研究，也经常会和老公分享这些（他不经常读这些），两人经常会饶有兴致地讨论。我俩一般都很同步，从一开始就比较相似。我们以前还一起学过哲学，经常讨论许多宏观问题，这些也都可以引申到育儿的理念和价值观上面。所以我们一般只会就具体的操作产生争论，宏观的哲学观点都是很一致的。我觉得我们相遇时就已经是很相像的两个人了，这一点无疑是很有帮助的。

妈妈7：我和我老公从小生长的环境很不一样，所以在怀孕之前，我们就开始谈论很多关于育儿方式的事。我们的大孩子现在三岁，小孩子一岁半。尽管大多数时间我们都一起带孩子，但有时我还是会觉得他太严苛了，应该尽量多一些同情心，多理解一下小孩子的行为，而他就觉得我太慈爱了，不应该像一个三岁大的孩子那样去思考！不过总体而言，我们在关键的道德、行为约束方面，意见还是高度一致的。我们也很尊重彼此，所以如果有什么事让双方都产生很强烈的感觉，我们也总是会尽量去理解对方。

留意彼此长处 求同存异

我在工作中，经常会遇到夫妻希望和我探讨一起抚养孩子时遇到的挑战。最开始我通常会问他们，育儿过程中最有挑战性的时刻是什么，他们彼此间对育儿理念的不同是如何体现的，以及他们各自的父母是如何育儿的。一些夫妻甚至需要停下来回忆过往，才能够清楚地说出他们彼此的不同，还有这些不同之处的可能来源。当我看到一对夫妻原本处在困兽之斗中，不停地争论谁的育儿方式是"正确的"，然后开始理解和怜惜地看着对方，因为他们意识到会有许多因素影响每个人的育儿方式，我会觉得这样的转变时刻真的很特别。他们此时虽然可能仍然不在一个平面上，但起码已经开始理解对方的想法了。

当然这个过程不总是如此顺利的，有时可能需要很多次指导，夫妻双方才能理解彼此，并从战斗状态转向合作。我觉得家长们把注意力从两人的差异转向对方的强项,这个办法是很有效的,当然还需要有意识地引导才行。

就在昨天,我们的儿子内特经历了史上最糟糕的一天。没有一件事是对劲的,自行车上堆了些东西,他和朋友们有了误会,为写短故事作业干了一架,还和姐姐来了几场哭闹比赛。当我老公到家的时候,正好目睹了那一天的第六次崩溃场面,我真是受够了。当内特再一次发出"我这辈子完了"一般的哭声时,我扭头对老公说:"拜托你来搞定好吗?我真的需要休息一下。"他毫不迟疑地过去把内特抱开了,用父子特有的方式把他哄好了,世界再一次恢复正常了。他哄孩子的效果这么好,一方面是因为他更冷静,而且他也不像我一样,一整天都在处理这样混乱的局面;另一方面,他在教育儿子方面真的比我能干,他能和儿子很好地沟通。虽然我俩在其他方面还有许多分歧要处理,但在这一点上我会认可他的能力并善加利用。

夫妻间肯定会有分歧。我会对所有来向我求助的家长说,没有任何一对夫妻是始终团结一致的。而这其中的挑战就是如何去把最主要的矛盾找出来,并容忍其余的小矛盾继续存在。我记得我刚生完孩子参加游戏小组时,曾经听到许多妈妈说,她们晚上不会让老公哄孩子睡觉,因为他们做得不对。我觉得她们所说的"对",应该指的就是自己哄孩子的方式。然而事实上,大多数丈夫都不会用和妻子完全一样的方式去哄孩子。如果把自己当作"唯一能做某件事的人"——无论是哄睡觉、捣蔬菜糊、处理孩子发脾气还是任何事——都不仅仅会拉远夫妻之间的距离,还会令自己变得更孤独,变得疲惫不堪。就算我们不用一个人去做所有的事情,我们也已经够辛苦了,不是吗?

沟通陷阱

每对夫妻都有可能在解决分歧时掉入这样或那样的陷阱。作为一个妻子,同时也是家庭心理学家,夫妻间经常会出现一些令我满怀恐惧的交流方式,因为这种方式透露出,这段关系已经走入困境了。著名的婚姻治疗师约翰·戈特曼将之称为"四骑士启示录(The Four Horsemen of the Apocalypse)"。他指出,当这些交流方式规律地出现,就可能意味着夫妻关系正处于巨大的压力下,而且最终会走向失败。批评、蔑视、防御、筑起石墙,这些行为都会阻碍良好沟通。①

生儿育女的确会给夫妻关系带来压力,当我们面对育儿挑战,努力解决各种争端时,警惕这些"骑士们"的出现是很重要的。虽然它们并不一定表明你们的夫妻关系正在走向失败,但留意到它们,并刻意地用更健康的方式去交流,这对保护两个人的关系大有裨益,也可以让你们这个育儿小团队的工作更高效。

照顾宝宝的同时,也要照顾彼此

家长们,请你们在照顾孩子的同时,也要记得照顾好自己,也要温

---

① 出自约翰·戈特曼(John Gottman)及N.西尔弗(N.Silver)所著的《什么让爱延续?》(*What Makes Love Last?*),纽约里克斯与舒斯特出版社,2012年。

柔地照顾好对方。最初的那段日子是那样令人疲惫，我们很容易把全部的精力都放在孩子身上，而给伴侣的关注少得可怜。

这条道路很漫长，每个阶段都会有不同的挑战。要安全通过并让你们的夫妻关系完好无损，你不仅要对孩子温柔，也要对爱侣温柔。你要留意对方是不是累了，是不是需要休息。你要主动提供帮助，还要接受对方的帮助——这有时候可能更难。我们要每天问候对方："你今天怎么样？有什么我能帮忙的吗？"我们要鼓励对方，并且不要天真地要求自己始终如一地对待孩子，这样也可以减小夫妻关系变得一片狼藉的概率。以我支援数百对夫妻的经验来看，那些花时间关心照顾伴侣的人，更有可能顺利地度过这段旅程。

一些随想

- 要知道，夫妻双方在带孩子这件事上，是不可能始终同步的，起码那是十分罕见的。你们要尽可能早地去和对方谈论育儿的事，包括自己是如何被养大的，你想要如何去抚养孩子等。这样的对话在你俩摸索双方差异的过程中是十分有帮助的。
- 一起抚养孩子的伴侣们一定要对彼此温柔一点。因为育儿的旅程有着常人难以想象的艰辛，其间的挑战可能给你俩带来巨大的压力。
- 要记住，夫妻间的某些分歧，单靠两个人的力量是很难解决的，可能需要向专业心理咨询师求助。他们会提供智慧和指导，去增强你们的力量，并引领你们探索这些分歧。

- 要警惕"四骑士启示录",如果你发现你与伴侣的对话和互动中开始潜藏批评、蔑视、防御,并筑起厚厚石墙,就应当寻求帮助,去改变这种不好的交流模式。
- 还要分清,你们所面对的是单纯的"热点问题",还是已经威胁到你俩稳定关系的撕裂冲突,这一点很重要。如果有时候你觉得,伴侣的行为和育儿方式已经威胁到你或者孩子的安全,那就要考虑向辅导师或家暴支援服务中心求助了。

第十一章
育婴室里的"鬼魂"

Becoming a Mother

A journey of uncertainty, transformation and falling in love

成为母亲:爱的蜕变之旅

不可否认的是,有些孩子天生就具有更强的复原能力,当他们变成家长,又会是什么样的呢?大量研究人员探索,是什么因素帮助这些人超越自身之恶,成为合格的家长。我认为他们的发现对每个决心成为杰出母亲的人来说,都很有用。

一位妈妈动作轻柔地把婴儿从小床上抱起，坐进育儿椅中开始喂奶。她用最柔和的嗓音安抚着宝宝，呼吸着他身上好闻的香气，静谧地凝视着他的脸庞。这一刻的体验是无与伦比的，宝宝也依偎着妈妈，就好像世界上只有他们两个人沉浸在这一刻中，其他所有事物都不存在了。

但是在育婴室周围，却徘徊着许多"鬼魂"。这些"鬼魂"并非超自然的那种，却可能比那种都可怕得多。它们属于我们的童年往昔，属于我们遇到的那些令人讨厌的妈妈们，属于我们之前的那代人。孩子的诞生不知不觉间给了这些"鬼魂"以切入点，让它们能有机会进入我们的家中，并在宝宝的小床边定居下来。

往昔记忆的"鬼魂"

"育婴室里的鬼魂"这个说法最早是由塞尔玛·雷博格、埃德娜·阿德尔森及维维安·夏皮罗在其论文《"育婴室里的鬼魂"——用精神分析法解释受损的母婴关系》中提出的。[①] 这篇革命性的论文探讨了什么是阴

[①] 出自塞尔玛·雷博格（Selma Fraiberg）、埃德娜·阿德尔森（Edna Adelson）及维维安·夏皮罗（Vivian Shapiro）所著的论文《"育婴室里的鬼魂"——用精神分析法解释受损的母婴关系》（*Ghosts in the Nursery: A Psychoanalytic Approach to the Problems of Impaired Infant–Mother Relationships*），摘录自塞尔玛·雷博格所编的《儿童心理健康的临床研究：生命的第一年》（*Clinical Studies in Infant Mental Health: The First Year of Life*）一书，伦敦基本出版社，1980年。

魂不散的"鬼魂"——那是我们上一辈人遗留下来的紧张冲突、荒诞闹剧以及他们没能解决的痛苦。这些"鬼魂"经常在我们成人的交往中徘徊，孩子出生时，它们正好乘虚而入。

当雷博格、阿德尔森和夏皮罗处理大量参加婴儿心理健康项目的家庭时，她们总结出，这些"鬼魂"存在于每一间育婴室里。每一位家长都会依据自身的家庭经验，将他们过去的经历、记忆和观念带入育儿过程中。

这些"鬼魂"经常是亲切的，它们会短暂地进入大部分母亲的生活。你有没有发现，当你压力大、感到疲惫不堪的时候，会经常纯粹出于本能地对孩子说话和做动作，这就是"鬼魂"会入侵的时候。基本上所有我认识的妈妈们都曾经惊呼："天哪，我说的话简直和我妈一模一样。""鬼魂"们来得快，去得也快。当我们回想这些时刻，会意识到自己和父母之间的相似之处，我们要么会接受父母的方式，要么会反其道而行之。不过，母亲和孩子之间的关系是始终无法回避的。

但有些"鬼魂"会长期定居下来，尤其是在喂奶、睡觉、训练孩子上厕所、培养规矩这些关键的里程碑事件发生时。这些"鬼魂"会严重破坏妈妈和宝宝的交流和感情。

格温（Gwen）的故事

格温是一位二十八岁的母亲，有两个孩子。她的大儿子五岁的时候，第一次因为还不会上厕所，去社区儿童健康诊所看病。尽管格温什么办法都试过了，但孩子还是一天尿好几回裤子。渐渐地，她的第二个孩子也快两岁了，也要开始训练上厕所了，格温很害怕女儿也会变成一个"尿裤大王"，担心自己余生都要一直洗脏内裤。这种恐惧对她的影响是不容小觑的。儿子尿裤子这件事在很多层面让她感到不堪重负：身体上，她得一直不停地洗内裤，变得疲惫不堪；情感上，她也接近了崩溃边缘。这件事触发了她所有潜藏的恐惧，生怕自己不是个好母亲。而训练孩子上厕所本来应该是小事一桩，不是吗？

她儿子现在八岁，尿裤子已经对他的身心造成了严重伤害，他开始对这件事感到极度羞愧，开始把内裤藏到花园里。格温对这件事的态度，也从最初的关切、迷茫，到现在每次儿子拒绝去厕所，她都会十分震怒。她也开始带着恐惧和沮丧的心情，努力训练女儿上厕所，并下定决心一定要成功。

当女儿两岁大的时候，格温决定要开始训练她上厕所，让她坐在便壶上直到排泄完成。这令她女儿一直哭闹尖叫，但格温下定决心，不能让这个孩子也重蹈覆辙。很快，女儿就开始逃避便壶，每当妈妈让她小便或大便，她都会跑开躲起来。当她尿裤子，格温的反应通常是又害怕又暴怒，会惩罚女儿，把她关禁闭。她因为儿子而产生的失败感和怒气，全部都发泄在了女儿身上，这令她的女儿迷茫极了，也因此害怕上厕所，憋着的时间反而更长，直到不可避免地再次"出事"。

需要说明的是，格温是个好心的母亲，原本可以是满怀爱意和关切的。她一直很想要孩子，在孩子婴儿时期也曾经是个很体贴的妈妈。但当孩子们到了蹒跚学步的年纪，这些事发生了，令她原本的慈爱被怒气所取代。训练孩子上厕所这件事让她身上的每根汗毛都竖起来了，这时

候她母亲的"育儿鬼魂"也出现了。格温的母亲爱惩罚、批评孩子，大多数时间都在责骂她，用铁拳政策"统治"她。格温长大后，对母亲始终支配她的一举一动，也感到恐惧和怨恨。

尽管格温一直希望自己和母亲不一样，孩子出生后她也一直是如此努力的，直到孩子们长成幼儿，开始寻求自我独立，一切就变了。格温在不知不觉间，开始想要和母亲当年一样，压制孩子日益增强的独立感。上厕所本来应该是她管控范围之外的事，也是孩子们不应该受她控制的一个方面。就这样，格温的"育儿鬼魂"扎扎实实地在育婴室、厨房、浴室、厕所住了下来……

不过这个故事有个还不错的结局，尽管"鬼魂"已经住进格温家，但她努力想要摆脱它们。她通过大量的反思，逐渐能够看清，自己对于孩子最初的独立迹象反应太过极端，和自己母亲的做法相似。她其实是在重演自己童年的场景，重演自己母亲的暴怒和专制。

格温越来越发现，孩子们感到羞愧和害怕，这让故事有了转折。她诧异地对自己说："我从来都不希望我的孩子们也有这样的感觉！"就这样一句简单的话，她便开始逐步将"鬼魂"赶出了自己的家。

驱散"鬼魂"

如果你在读这一章的时候，很担心自己的童年阴影会对育儿过程产生负面影响，那你应该知道，凡事无绝对，并非每个童年很痛苦的孩子长大后都会重蹈父母的覆辙。许多人和自己孩子的关系也都是焕然一新、治愈良好的。这些家长心中十分清楚父母的不足,他们也经常很早就明确做出决定,自己要和父母不一样。他们会很慈爱,从来不打孩子,他们的孩子也不会再感受到和他们当年一样的恐惧。这种清晰的意图是驱走家中"鬼魂"、让破碎的心愈合的第一步。世上并无驱"魂"的妙招或咒语,只要家长们能够反思过去,对于阻止"鬼魂"永久定居就是大有好处的。

反思之旅:我会成为何种母亲?

反思自己的童年,反思过往经历对眼下育儿过程的影响,是我们给孩子的绝佳礼物。最初几年里,我们有大把机会去探索,我们到底希望自己成为哪种类型的家长。我们自己的童年经历、我们和父母的关系,都会给这个过程以有力的开始。

对许多母亲来说,这种反思很自然就开始了,如果我们天性爱思考,那么就会很容易开始探索过往童年、探索和父母的关系。但对其他许多人来说,这个过程是很有挑战性的,要客观地去思考自己和父母的关系,可能是十分困难的,甚至连从哪里开始都不知道。对还有一些人来说,这个过程太痛苦了,牵动了太多情感,会令他们无法思考。如果你自己的母亲紧闭情感之门,经常虐待你,极少给你提供支持,那么不仅回忆往事的过程会很困难,去思考往事对现在自己的育儿方式有何正面与负面的影响,也更加不是容易的事。

如果你发现自我反省不太容易,那要从哪里入手呢?先开始想自己

成为母亲：爱的蜕变之旅

婴儿时期的经历吧，这是很有用的。你记得自己刚出生时，得到的是怎样的照顾吗？你的母亲是什么样的？作为母亲，她有哪些品质？你希望用和她类似的方法照顾孩子呢？还是用不一样的方法呢？她是经常陪着你的温情妈妈，还是淡漠又冷酷的呢？你可以和一个让你有安全感的人一起去想这些问题，这样你就能够很自然地开始反思自己和母亲的关系，反思自己想和宝宝培养怎样的关系。如果这个过程太痛苦煎熬，你也可以只去想自己和宝宝的关系。可以先问自己一些温和的问题。

- 你希望你们的母子关系是什么样的？
- 当你想象温情的育儿时刻时，你会有什么感觉？
- 想象一下你和宝宝在一起时，压力最大的时刻是什么？
- 如果你的宝宝经常哭，你会怎么做呢？你觉得自己会怎样去帮助宝宝？你觉得你会很自然地温柔地对待宝宝，还是觉得那样很难呢？

在这整个过程中，你一定要温柔地对待自己，这很重要。许多妈妈们会开始思考和宝宝的关系，然后非常担心她们不是自己理想的样子，尤其当你有着被虐打的经历，你会害怕自己不受控制地重蹈覆辙。这时，你应该告诉自己，去反思这一切，就可以增加你变成慈爱母亲，与宝宝建立牢固情感的可能性。你可能正在做一件对你的母亲来说不可能做到或者非常困难的事情，那就是去反思到底什么是为人母，你到底想怎样养育自己的孩子。这无疑是一个重要的起点，可以让你变成自己渴望的那种母亲。

母亲智慧
妈妈们的亲身经历

妈妈1：我在有孩子之前，就已经很清楚地决定，我要当比我妈妈更好的母亲。我曾经对老公说，我只需要每件事都和我妈反过来做，就对了。我的母亲是个爱惩罚人的控制狂，到现在也还是这样。在我的成长过程中，她从不显露情感，总是很激动地骂人，并将自己和自己的失败婚姻深藏起来。我青春期的时候，绝不能跟她谈论性或者男朋友，否则她就会爆发，所以我总是偷偷谈恋爱，偷偷参加聚会。我十五岁时，她就把我扫地出门。我们现在的关系也很疏远，很少说话，不过我们互相联系时，谈论的内容还是挺正面的。

我一直都希望我也能像自己的朋友们一样，有个容易相处的母亲，能像他们一样和母亲谈心，建立亲密的母女关系。现在我也不是个完美的妈妈，有时候我对孩子们吼得太凶了，我还需要努力去培养耐心。不过我惩戒孩子的方式和我母亲完全不同，我从不掌掴他们，也不会说他们多么令人失望。我会控制惩戒的时间，比如我会让四岁的女儿回自己房间反思一下哪里做错了，五分钟之后再一起讨论刚刚发生的事情，讨论当时应该怎样做会更好。然后我们会互相拥抱，我就不再生气了，我觉得我和孩子们建立感情，比我和自己妈妈建立感情要快得多。我尽量给他们无条件的爱和接纳，这些都是我自己从来没有得到过的。

妈妈2：我和母亲之间有着许多美好的记忆，但更多的是痛苦。虽然我俩现在相处得不错，但我从六岁开始就知道，她最喜欢的是我弟弟，因为弟弟很少被她打巴掌，发生了什么事她也都只责备我。她会用一个木勺子打我，但如果弟弟偶尔被打那么一次，她也只会用手。而且她只要一发现我们有调皮捣蛋的迹象，就会马上扇我们巴掌，如果试图解释，就会多扇一次。她通常不只扇一下，而是一次扇三四下。

我记得十岁的时候，妈妈有次跟一个朋友说我有多难管，说我从婴儿时期开始就是这样，而我的弟弟是多么棒，她总结说"这就是我永远都会最爱儿子的原因"。她当时把一切过错都推到我一个青少年身上（当时我已经开始叛逆），这些只会让我更加叛逆。即使现在我已经长大成人，也成了母亲，她还是会尖酸刻薄地评价我，并拿我跟弟弟比较。

我选择用和母亲很不一样的方式去管教孩子，我没有偏爱，不会扇他们，我和老公会向他们解释哪里做错了。我们会警告他们，不过也会给他们机会解释。我不会去把孩子们相互比较，而是接纳他们每个人原本的样子，也不会在外人面前贬低孩子。我写下这些的时候，才意识到原来这些经历还是那么刻骨铭心，那么让我心痛。

懂得沉思的家长之力量

不可否认的是，有些孩子天生就具有更强的复原能力，当他们变成家长，又会是什么样的呢？大量研究人员探索，是什么因素帮助这些人超越自身之恶，成为合格的家长。我认为他们的发现对每个决心成为杰出母亲的人来说，都很有用。

雷德尔、邓肯和露西分析了那些矫正型家长（参见第十章）的个人特质[①]，发现反思过去的能力是最为重要的。但仅仅记得童年的事是不够的，要想打破痛苦的过去，以不同的方式养育孩子，关键是要有回忆起当时情绪并探讨其意义的能力。当一位母亲能记起自己小时候被打、被羞辱时的感受，她就更有可能从自己女儿的角度去看待她的痛苦，避免重蹈覆辙。

一位杰出的母亲十分清楚过去与现在的连续性，虽然有时这是痛苦的。她明白自己童年受到的伤害有可能会继续影响到她为人友、为人妻、为人母的方式。她必须有能力反思过去，找出意义，那样才能超越这段经历。她不一定要与童年经历和平相处，不一定要忘却它，而是要找到方法理解这段经历，并有自己的思考。比如她要知道，被虐打不是她的错，她不应该无故被人贬低。有些家长甚至会理解，自己父母也有局限性，并根据这些来思考自己的教育方式的得失。

---

① 雷德尔、邓肯和露西证实了人们一贯的想法：一个人的力量确实可以改变世界，与一个积极正面的人建立关系，可以给正在冲破童年痛苦藩篱的人带来巨大改变。——出自P.雷德尔（P.Reder）、S.邓肯（S.Duncan）、C.露西（C.Lucy）所著的《育儿方式评定的研究》（*Studies in the Assessment of Parenting*），伦敦布伦纳·劳特利奇出版社，2003年。里克斯也发现，为儿童或成人提供截然不同的培养韧性方式的人，有其重要性。——出自M.H.里克斯（M.H.Ricks）所著的《育儿行为的社会传动：代际依恋关系》（*The Social Transmission of Parental Behavior: Attachment across Generations*），刊登于I.布雷瑟顿（I.Bretherton）、E.沃特世（E.Waters）所编的《依恋理论和研究的增长点》（*Growing Points in Attachment Theory and Research*），刊登于《儿童发展研究专题论文集》（*Monographs of the Society for Research in Child Development*），1985年，第50卷（第209号1—2），第211—227页。

如果一位母亲能做到这样,她就为建立健康的母子关系开了个很好的头。思考自己童年得失的过程,能让这位母亲培养出完整的自我意识,这对孩子来说是极其宝贵的。一位反思过父母、反思过自己育儿能力的母亲,也更可能会有自我监察的能力。当她度过艰难的一天后,还能在冲动发脾气之前做"自我检查"。她长大之后,还能够理解自己童年的感受,那样她对孩子的感受也很可能会更加敏锐。她相信自己有能力筛选进入孩子生活的人,相信自己能满足孩子的需求,并自带雷达保障孩子的安全。她在自己童年需要没有获得满足的情况下,仍能培养出这样的意识,似乎是个奇迹。

释放童年伤口的疼痛

许多妈妈和准妈妈们都鲜有机会深思自己的童年,以及童年经历对自己和下一代关系的影响。不过当我们自己带孩子时,一些很久远的记忆可能会浮现出来,有时候一个噩梦,或者是带孩子的压力太大,都可能会刺激你思考。比如在一个特别辛苦、孩子不停哭闹发脾气的日子,就可能会激发出我们原始、本能的反应:"啊,这些想法都是从哪里来的?"而答案通常就源自我们的童年以及我们和父母的关系。

然而奇妙的是,无论我们和父母的关系如何,无论其中存在着多少不足,事情都不会是绝对的。我们每个人都有能力去抹平自己童年的伤疤,继续前行,抵达父母不能企及的高度。也许这一路上,我们还会更深入地发现,原来父母的失败和不足也恰恰显示了,他们当时也在挣扎着想成为做非凡事的平凡父母。

在自己和宝宝身上培养韧性的道路

就"育婴室里的鬼魂"这一概念,精神病学家艾丽西娅·F.利伯曼提出,家长们可以寻找"育婴室里的天使"来帮助自己,这给了想"驱魂"的母亲们以希望。[①]正如我们可能会重蹈父母的一些行为方式和冲突一样,隐形的"天使"也可以用同样的方式,让家长们的育儿过程变得更加顺畅。虽然我们童年时经历过痛苦和责骂,但同时,我们和父母之间也会有着强烈的默契,我们会觉得有人很好地理解、接受并爱我们,这种安全感和自尊也可以在眼下的育儿过程中发挥作用。这些"天使们"可以给魔鬼们有力的反击,并帮助你打破眼下正在经历的恶性循环。

在你的生活中,如果有另一个人能够为你提供"修正的情感体验",就有可能会增强你的韧劲。想象一下,一个在家总被骂的男孩,在学校遇到一个爱鼓励人的老师,他的力量便能得到培养。如果一个妻子从小在家被父亲打骂,而她的丈夫面对冲突却能始终采取健康、耐心的方式,那又是怎样的一种力量呢?这样的正面关系,让孩子或成年人有机会重建整体的自我意识。善良的老师可以教会孩子,他是很宝贵的。没有暴力倾向的丈夫可以教会妻子,爱和责打是两回事。这种良性互动,

---

[①] 出自艾丽西娅·F.利伯曼(Alicia F.Lieberman)、E.帕德龙(E.Padrón)、P.范霍恩(P.Van Horn)、W.哈里斯(W.Harris)所著的《育婴室里的天使:慈爱育儿方式的代际影响联动》(Angels in the Nursery: The Intergenerational Transmission of Benevolent Parental Influences),刊登于《婴儿心理健康期刊》,2005年,第6期,第26卷,第504—520页。

加上反省自我、反思消极童年的能力,是处在安全的成人情感体系中的核心地位的。如果你没有出生在一个充满爱的家庭,那就要自己努力去营造这样的氛围。

一些随想

- 对于亲子关系,我们会将过往几千条的记忆,或有意或无意地代入进去,这些将不可避免地奠定我们育儿过程的基调。
- 要知道,每个家长都有着自己的"育婴室里的鬼魂",这有时可能来源于被忘却的记忆和过往,来源于上一辈的育儿方式以及其中包含的紧张和冲突。
- 大部分"鬼魂"都是暂时借住的,只会在紧张疲惫的时候出现,这些时候我们会觉得自己的反应比平时激烈,并会做出一些不符合自己一贯个性的事来,这就说明"鬼魂"可能现身了。
- 有些"鬼魂"则会永久地住进你的家中,并持续影响你和孩子的关系。这时你需要向善良、有智慧的人求助,让他们帮你看穿这些"鬼魂",并赶跑它们。
- 要记住,如果你和母亲的关系很糟糕,那么孩子的来临,可能会让你产生深刻的、绵延不绝的悲痛。如果你不幸有此经历,那你一定要对自己抱有同情和善意,要对自己好一点,这很重要。你要给自己空间,容许这些感受的存在,这样才能降低"鬼魂"大肆破坏你生活的可能性。

- 正因为育婴室有"鬼魂",所以我相信,当中也一定会有"天使"。无论我们的童年多么糟糕,只要我们曾经被人关心过、理解过(对方不一定是我们的父母),那么这些"天使"就可以让我们心中有那股韧劲,给"鬼魂"有力的回击。
- 这些年,我也越来越能甄别出"鬼魂"现身的日子,并学会用新的方式去回应。我会对孩子说"对不起",并走开深呼吸一下,再回来时我自己就会变得更冷静、更温和。在这些时刻,我也几乎能够听到"天使"返回育婴室的声音。

第十二章
从你、我变为"我们"

Becoming a Mother

A journey of uncertainty, transformation and falling in love

成为母亲：爱的蜕变之旅

> 当我们谈到婴儿时，我们通常会说这是"孕育生命的奇迹"，这也的确是这个星球上最伟大的奇迹之一。但在这个过程之后，还跟随着一个更加伟大的奇迹，而且不是在一天之内发生的，这个奇迹将贯穿人的一生。

许多女性谈到跟孩子培养感情的时候，都会将之描述为"陷入爱河的奇妙时刻"。无论是育儿书，还是已经当妈的朋友，甚至是好心的陌生人，都在说着各种在第一时间爱上宝宝的故事。许多人说起母子感情的时候，会感觉这是十分自然、原始的，所有女性都会在分娩后很快就感受到，甚至有人在生产前就能感受到。许多幸运的妈妈们说，这种感情在怀孕前、怀孕时、分娩的过程中，都在不断发展，就好像是一见钟情，是电光火石之间就产生的。

但正如我们在前几章所说的，与孩子建立感情的过程不总是那么容易的。这段感情的发展也可能会面临许多磨砺，从艰难的怀孕、惨痛的分娩、痛苦的住院经历，再到最初几个月的与世隔绝。而更为复杂的是，宝宝还是脾气各异的，家长也有着原生家庭的各种尚未解决的问题，这些都会给他们培养感情的过程带来各种各样的挑战。而上述这些因素的互相作用，同样对我们和宝宝的关系有着潜移默化的影响。种种这些因素加起来，最初几个月要能和宝宝培养出一点感情，那才是奇迹。

然而奇迹的确是会发生的。当我们谈到婴儿时，我们通常会说这是"孕育生命的奇迹"，这也的确是这个星球上最伟大的奇迹之一。但在这个过程之后，还跟随着一个更加伟大的奇迹，而且不是在一天之内发生的，这个奇迹将贯穿人的一生。那就是我们和宝宝会爱上彼此，并产生剪不断的联系。尽管养育孩子的过程经常是困难重重的，但我们会建立起这一生中最原始、最爱护备至的一段感情。

母亲智慧
妈妈们的亲身经历

妈妈1：老实说，直到最近，我才第一次真正感觉到爱上了儿子，并和他有了情感纽带。虽然他出生后，我很快就开始爱他，能给他的都给了，但我内心深处却直到最近才产生那种真切的、无条件的感情，而他已经三岁半了。从孩子出生开始，我老公一直是他的主要"负责人"，他们父子俩也很快有了深厚的感情。不过，爱和感情都不是一开始就会自然产生的，对我而言，必须为此不懈努力，然后这种感情才会突然出现。

妈妈2：我两次生孩子，对他们的感情变化是很不一样的。我生第二个儿子的时候，分娩那一刻我就感觉到妈妈们经常说的那种强烈爱意，它就那样发生了，为此我感觉十分愧疚。很显然两个孩子之间还有很多其他分别（这也与他们出生及之后几小时和几天的情况有关）。不过对于这个很难回答的问题，这就是我诚实的答案。

妈妈3：对我来说，跟孩子培养感情的道路是起起伏伏的。我产后患上了抑郁症，当时还因为怀孕导致婚姻破裂，这些令我有时候觉得和儿子很疏远。在这段艰难的时期，我有时甚至会怀疑自己是否爱他，尽管理智告诉我答案是肯定的。我记得儿子两周大时，我看着他睡觉，突然觉得对他的感情汹涌澎湃起来，甚至一度令我热泪盈眶。我清楚记得自己当时在想"现在我终于知道这个世界上有什么值得我付出生命的东西了"，我到现在仍然会感觉到那种潮水般的情感。

妈妈4：直到儿子们快一岁时，我才感受到那种"我可以为你而死"的爱意，在那之前我都是处于在痛苦中求生的状态。而生女儿的时候，我基本能预料到之后会发生什么，我也很明白她不会一直是那个弱小、依赖人的新生儿，这让我更容易去接受她。但之前对儿子们，我就是在苦等他们抵达一个又一个里程碑，其间却没有太多享受。

妈妈5：我怀上第一个儿子的时候，看到那两条线（尽管其中一条非常非常淡）的一刹那，我就爱上他了。我永远忘不了他的4D超声波图形，看到他小脸的那一刹那，我就好像已经彻底了解他了。"对，就是他，这就是我的小男孩。"我当时心中这样想着，眼泪不禁从面颊滑落。他出生之后，我的爱意就更加浓厚了，我会把他揽入怀中，喜极而泣，并疯狂地亲吻他。

妈妈6：我最开始就感受到了那种爱意，但产后第三天，我开始

抑郁,接下来两周,我就只感觉到麻木和不堪重负,好像自己犯了大错一样。这是我生命中最糟糕的一段时间,不过后来随着荷尔蒙逐渐稳定下来,那种陷入爱河的感觉又都回来了。现在我儿子已经十六个月大了,我对他的爱简直超越人类极限!

妈妈7:分娩之后,我对这个我生出来的漂亮小家伙感到惊艳,但绝对没有"陷入爱河"的感觉,我甚至都不太想抱她。我记得住院时助产士曾经告诉我,要和孩子有皮肤接触,然后我就会想"啊,对,我必须这样做"。再然后,我却只会继续注视着躺在小床上的女儿,感觉很麻木,什么都做不了。

我得说,在女儿六个月大、我重新回去工作之前,我基本没有感受到许多人说的那种深深的爱恋。然而和女儿分别,让我心中的渴望更甚。我再也不会有被困在家里的感觉,而能找回一些原本的生活,也能感觉自己在家庭之外可以做出一些贡献,这些都对我的自尊大有好处,也对我和孩子的情感发展起到了助推作用,让我再一次感觉到我在做自己!直到那时,我才真正消化了过去一年从人工受精、怀孕、生产到带孩子的整个过程。就好像我在迷雾中走了很长时间后,终于"苏醒"了。

到底什么是"情感纽带"?

"建立情感"和"依恋"这两个词近来总是被人混淆使用,或许把它们区分开来讨论会更好。"建立情感"通常是指培养母子感情的过程,而"依恋"是形容我们和孩子的关系,以及其中蕴含的安全感和信赖。人们通常认为"建立情感"是在一瞬间发生的——在一刹那陷入爱河的那种感觉;然而培养"依恋"需要时间,要通过母子间千万次的联通才行。正如我们在之前的章节中所说的,这些小瞬间非常关键,像母亲轻轻安抚孩子、喂奶、彼此凝视、换尿布、一起在地板上玩耍……因为这些小事每天都发生,所以有时可能会略显单调。但从"建立情感"的角度来看,这些日常的互动,正是形成母子间牢固纽带的基石。

精神病学家约翰·鲍尔比是率先探索婴儿及其照顾者之间感情状况的理论家之一,他在20世纪40年代后期便发现,婴儿及其照顾者之间的情感状况,将成为孩子日后社交关系的蓝本[1]。尽管孩子在出生后的最初三年,会经历一系列清晰的阶段性变化,他与主要照顾者之间的关系,是安全的还是不安全的,这都将成为孩子的"内在工作模式"[2]或蓝

---

[1] 约翰·鲍尔比(John Bowlby)总结道,生命的最初几年是高度敏感期,这期间婴儿会培养出要么安全、要么不安全的依恋关系。玛丽·安斯沃思(Mary Ainsworth)在里程碑式的母婴互动研究中,通过观察"陌生情境法"进一步探索了母子关系的安全性,她同样认为,母子间的依恋关系可分为安全、不安全两种,后者会更矛盾、混乱、倾向躲避。若要进一步了解这些不同的依恋模式,可以阅读露丝·牛顿(Ruth Newton)所著的《依附关系》(*The Attachment Connection*),以及丹尼尔·西格尔(Daniel Siegel)所著的《发自内心地育儿》(*Parenting from the Inside Out*),详见推荐书单。——出自玛丽·安斯沃思、M.C.布莱哈尔(M.C.Blehar)、E.沃特世、S.沃尔(S.Wall)所著的《依恋关系模式:陌生情境法的心理学研究》(*Patterns of Attachment: A Psychological Study of the Strange Situation*),新泽西厄尔本姆·希斯代尔出版社,1978年。

[2] 约翰·鲍尔比认为,婴儿将近一岁时,其行为已有"目的性",且已形成对他人回应的一系列期望。如果一个婴儿始终能得到敏锐理解,他与他人的互动方式就会传达出,他希望得到他人帮助,别人也会及时关切回应其需求,他的需求是重要的信息。他的主要照顾者,通常是母亲,令他形成了"内在工作模式"——一种终生稳定地看待他人、看待人际关系的方式。然而如果这个时期的婴儿认为,他的需求只会偶尔得到满足,或是会被彻底忽略、拒绝,这也会成为其"内在工作模式"。他对人际关系和爱的理解,将是混杂着不安全、混乱和矛盾的。这一模式也很可能持续一生。——出自P.彼得罗摩纳哥(P.Pietromonaco)、L.巴雷特(L.Barrett)所著的《内在工作模式概念:我们对自己和他人知道些什么?》(*The Internal Working Models Concept: What Do we Really Know About the Self and Others?*),刊登于《普通心理学评论》(*Review of General Psychology*),2002年,第5卷,第2号,第155—175页。

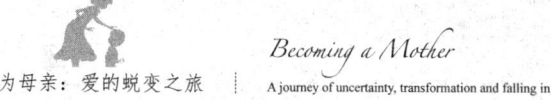

本,他们余生都会以同样的方式去发展亲密关系。

大多数孩子在三岁时,就已形成了相对稳定的人际关系"内在工作模式"。这一模式是建立在他和母亲关系的基础上的,也将是孩子与他人建立关系的蓝本。他们会轻易相信他人吗?他们会允许别人靠近吗?他们会相信当自己有需要时,其他人能伸出援手吗?我们的这种"内在工作模式"其实包含了我们对人际关系、亲密关系的看法,也为我们日后如何去爱、如何被爱提供了范本。

培养感情的常见挑战

对于妈妈们来说,要立即与宝宝建立感情,这种压力是巨大的。从怀孕早期,就有人对着我们不断胀大的肚子窃窃私语,他们臆想着我们是那么兴奋,臆想着我们早已爱上了这个"隆起物",迫不及待想要见到孩子。在孕期最后几周,兴奋的亲戚朋友,甚至完全不认识的人,都会跑来和你分享,说第一次见到宝宝会是多么美妙的经历,我们会感觉和宝宝已经认识了很多年,并会在第一时间爱上他们云云。如果真的是这样,那的确是很棒,但我们知道,许多妈妈们的情感历程不是这样的,一个新妈妈可能有着许多更为复杂的感受。

很多妈妈会因为没有像别人说的那样,在分娩后立即感觉到那种潮水般的爱意,而产生深深的焦虑。她们可能因为过了几天、几个月甚至几年才感受到那种爱意,而暗暗地心怀愧疚。但事实并不是,你在那一刻没有和孩子产生感情,以后就再也不会有了。许多人,包括我,只是需要时间去培养感情而已，随着你自信心的增强，随着你对宝宝了解的增多，这种爱就会渐渐产生。

克里斯蒂娜（Christina）分享她和孩子们培养感情的故事，她的话语富有表现力，也阐明了会有许多因素帮助或阻碍母子培养感情。

大概在怀上女儿的前七年，我和老公（那时还是男朋友）发现我意外怀孕了。最初的惊惧消退后，我们变得非常开心、兴奋，满心期待这个小生命走进我们的家庭。但孩子十周大的时候，我流产了——孩子死了，而我的身体并没有感觉到。我没有流血，没有抽筋，没有任何迹象表明已经流产，直到十周我去做例行超声波检查时，检验师才告诉我孩子已经没有心跳了。我永远也不会忘记，当时我看着显示屏，看到我们的小宝贝一动不动地躺在子宫底部，十年后，这个情景还是在我脑海中难以磨灭。那次流产对我的打击极大，让我悲伤了好一阵子，不仅是为了孩子。我对自己身体的信任也被摧毁殆尽了，是我的身体让我误以为孩子一切都好，但真实情况却截然相反。

很快七年过去了，我发现自己又怀孕了。从看到怀孕结果的那一刻起，我就精神高度紧张。失去第一个孩子的所有痛苦创伤又都回来了，并直接抽打在我的脸上。我百分百确信，我这次还会流产，而且自己还是会一点儿都感觉不到。尽管我极其渴望和女儿培养感情，和她说话，开始爱她，但我做不到，就是做不到。我每天都逃脱不了那些痛苦，我觉得自己很快就要流产了。即使我六周时

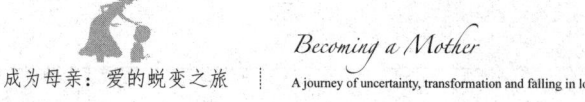

开始孕吐(第一次怀孕时没有这样),我也还是不能相信孩子是安然无恙的。

怀孕的过程还在继续,而我仍然十分紧张,家庭医生不得不让我在十一周时去做一次扫描。直到我看到小丫头在里面游来游去——与上次看到的情景是那么不同,我才允许自己半信半疑地觉得,我这次可能有机会把她真正抱在怀里。

在整个孕期,我的恐惧一直在变换着不同的方式,但却始终存在。当我的肚子越来越大,我开始害怕会生出死胎,或在分娩时会发生其他恐怖的事。我开始想,我会失去她。这个阶段我已经开始经常和孩子说话,也真切地感觉到了对她的爱。但总有一个声音在告诉我,我需要保护自己,尽管我很渴望,我也不能允许自己去感受那种爱,因为我知道万一她出了什么事,我是铁定承受不了的。

我女儿出生后的前三十六个小时,住在特别监护中心。第二天她被抱到我房间的时候,我看着她,觉得她并不真的是我的孩子,我也不觉得自己是她的妈妈。我不知道是产后太过疲惫,还是因为我们分开了一段时间,抑或是受到前一次怀孕的影响,我怀疑这三个原因都有。我们出院回家后,我也觉得自己是在照顾别人的孩子。我想要保护她,我也会很好地照顾她,但就是感觉不到那种"情感纽带",那种所有人都说你肯定第一时间就会产生的感觉。

和女儿培养感情的过程,的确是一个"过程",需要时间,需要

第十二章 从你、我变为"我们"

一步步来。当她六周大的时候，我突然有"一刹那"惊喜地看着这个小丫头，意识到她是我的，她活了下来，我是那么真切地爱着她。

克里斯蒂娜的故事很特别，然而却有许多妈妈们可以参考的地方。她提醒我们，为人母的旅程是难以预料的，包含着种种挑战和奇迹。爱上宝宝需要一个过程。

即使我们足够幸运，能在分娩后立即爱上宝宝，研究也表明，母子间要建立安全的依恋关系仍然需要时间。那样的关系是不能一蹴而就的，而要经过数年间上百万次的互动理解才能形成。对于那些跟我一样，因为分娩后没有很快经历"神奇时刻"而感到焦虑的母亲们来说，这一研究让人安心。①

如果你在读这本书的时候，因为自己还没产生那种爱的冲动，就觉得你的宝宝在"选母亲大抽奖"中失败了……停，现在、立刻放弃这个想法。如果我的故事只能说明一件事，我希望它是这样的：无论各位母亲在育儿初期遇到多少问题，爱都会取得最终的胜利。即便你怀孕时很难受，分娩造成很大创伤，产后出现抑郁，孩子脾气古怪，原生家庭千疮百孔……但这些经历只有极少数会给你们的母子感情培养造成障碍。培养爱的方式是没有对错的，即使遭遇巨大挑战，我们仍会和孩子培养出

---

① 研究表明，目前并无有力证据可以证明，缺乏"初生联结"（婴儿出生后短期内产生的情感联结）会对母子关系或婴儿长期发展有负面影响。培养感情并非"机不可失、失不再来"的过程，女性在分娩后初期，尤其是因与孩子分离而产生的负罪感，是没有必要的。——出自M.埃里克森（M.Erickson）所著的《孩子与成人的依恋关系：从中找出影响孩子及家庭的决定》（*Child-Adult Attachment: A Lens for Viewing Decisions That Affect Children and Families*），明尼阿波利斯儿童青年家庭联盟，1998年。

感情，而且这份感情会让我们惊叹。

我知道自己陷入爱河的一刹那

好像是在亘古以前，勃朗特出生了，这个漂亮、完美的小婴儿被放进了我怀里，然而那时，焦虑和自我怀疑让我的胳膊变得沉重，我心中充满不确定。我们凝视着彼此，那一刻我在想，到底要怎样才能感觉到那种渴望已久的蓬勃爱意。我当时确信，勃朗特肯定在"选母亲大抽奖"中运气很差，被交给了一个完全不知道她在干什么的人。不用说，初期这些想法给我们培养感情的过程造成了一定的阻碍。但最后我还是感觉到了爱意……哦，可是爱意是怎么来的？我想，是勃朗特那对闪着光、浅褐色的眼睛发挥了魔力，让我们爱上了彼此。世上从此有的不再是我、勃朗特，而是"我们"……只需要一些时间，这份爱便会不断加深，就能够达到这个境界。现在十年过去了，我有了两个截然不同的孩子，我根本无法想象，要是没有他们，我的生活会怎样。

在我对勃朗特的情感转变为汹涌爱意的过程中，可能没有那样一个"神奇时刻"，这份爱是慢慢增长的。我的心一点点变得柔软，最终有一刻，我意识到自己已经陷入爱河了，而且爱意那样深。那一刻过后，我的整个生命就都不同了。但那一刻并未在分娩的时候到来，而是在分娩许多个星期后才来临。一天晚上，我坐在女儿黑漆漆的小房间里给她喂奶，发觉自己正喃喃地让她别着急，慢慢喝。就在那一刻，我开始将关注点转移到美丽的女儿身上，而不是一直想着我的满腔焦虑，这一刻标志着我们之间产生了真正的情感。那一刻，我终于感觉到自己沐浴在爱河中，我喜极而泣。直到现在，当我想起那一刻的标志性含义，还是忍不住流泪，而这仅仅是我们这一生死心塌地深爱彼此的一个开始。

一些随想

- 许多人都说，我们会在怀孕或分娩一结束就立刻有那种"陷入爱河"的感觉，但要记住，这世上没有一种神奇配方，让你喝了就能产生那种感觉。
- 即使能和孩子一见钟情，那也只是培养彼此依恋关系的一个开始罢了，而且绝不是唯一的开始方式。要培养依恋关系，需要许多许多个月，即便你有最好的开始，也不能免去这番工夫。
- 太多的女性认为，她们在产前就应该感受到对孩子的爱，而事实上她们没能立即产生这种感觉，因此内心怀着不必要的愧疚和悲伤。如果她们将这些感觉掩藏起来，还可能会引发深深的羞耻感，自信心也会遭到践踏。
- 如果时间一个月一个月过去，你还是觉得麻木、不在状态，或仍然因为照顾孩子而感到不堪重负，我强烈建议你去找一位有智慧、有经验的儿童健康护士或治疗师，让他们帮你处理这些感受，帮助你思考自己和孩子的情况，思考你俩的关系。
- 要记住，无论你和孩子是用什么方式培养感情的，你都不会是孤单的。如果你成功地一见钟情,要知道还有数以亿计的母亲也跟你一样。而对于我们这些没能一见钟情的人来说,世上也有数以亿计的同伴,其中大部分人后来都成为慈爱、善解人意的好妈妈,即使我们一开始是那么担心自己永远无法成功。

第十三章
母亲们也需被呵护

Becoming a Mother

A journey of uncertainty, transformation and falling in love

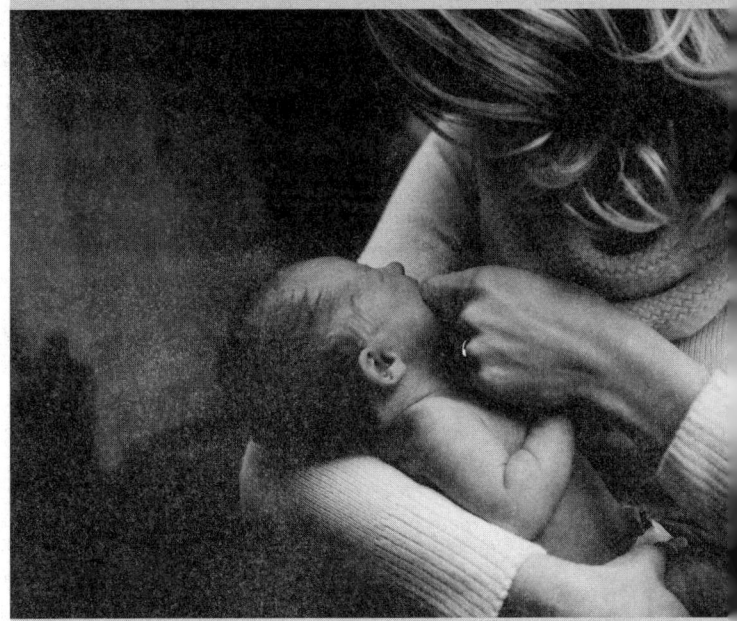

成为母亲：爱的蜕变之旅

> 作为母亲和治疗师的经历告诉我，母亲们最大的需求其实是被人呵护，尤其是在最初几个月，她们照顾孩子的任务艰巨，存在的大部分意义变成了照顾另一个人。

当我在前几章中探讨最初几个月如何培养母婴感情时，有一个问题一直萦绕在我心间：女性需要学习什么来让自己成为一位母亲呢？如果育儿过程不一定是"自然而然"和出于本能的，那么母亲们怎样才能成为一位真正的母亲呢？我一直在苦苦思索这个问题，因为我非常清楚，母亲的需求是很复杂的，因此这个问题的答案也会是很复杂的。

　　母亲们在不同时期的需求是不一样的，每位母亲也都是独特的。要应付这段令人迷茫、富于挑战的育儿道路，这个妈妈的需求，可能和另一个妈妈截然不同，她的需求相比之下可能会更为复杂，或者更为简单。如果不专门为这个话题写一本书，我都不知道要从哪里开始做出解答。

　　这本书的大部分章节都在讨论母亲的内在精神力量，以及依恋关系的传承，还有母子间的精妙共舞，而其他关于依恋关系的文献也大都关注这些。也许这是因为我的社工背景，让我会始终透过这层镜片去观察世界，不过我也不禁想，要成为好妈妈，应该还具备其他层面的能力。

　　作为母亲和治疗师的经历告诉我，母亲们最大的需求其实是被人呵护，尤其是在最初几个月，她们照顾孩子的任务艰巨，存在的大部分意义变成了照顾另一个人。也许我这个看法太过简单化，但我觉得，如果我们在最初几个月的脆弱转变期中能得到关怀和照顾，那我们之后也就

更有可能和孩子建立起强健的关系。

母亲智慧
妈妈们的亲身经历

为了女儿莉莉（Lily），我不得不放弃一部分自己的生活。我渴望安静、舒适、被人呵护的生活，并希望在我经历这个重大转变时，能有一些空间去消化。而我最渴望的，还是有人能像母亲一样照顾我，抚平我紧锁的眉头，喂我喝鸡汤，帮我掖好被角。当我用爱浇灌孩子时，也渴望有人能用爱浇灌我，为我建造一个爱的蓄水池，给我能量去持续地呵护孩子。

在一个理想化的世界中，所有新妈妈都应该有个慈爱的、支持你的母亲，能给你建议和鼓励，并帮你减轻一些照顾新生儿的生理负担。这样，新妈妈们的精神能量储备可以得到更新，面对需求多多的新生儿，可以给予足够的关爱。对于新妈妈来说，这种包容是非常宝贵的，不仅能让她有更多体力，也能让她有信心在令人却步的新角色中站稳脚跟。如果最初几个月，新妈妈们能获得良好呵护，那么她的身份转变过程就很可能容易得多。

然而，除非新妈妈和自己的母亲（或其他可以替代母亲的人）关系亲密、彼此信赖，否则她就很可能要经受身心被消磨的风险。而在西方社会，核心家庭是主流，独立照顾孩子的做法备受推崇，因此新妈妈们可能需要同时面对被隔绝、缺少支援的双重风险。虽然我们在整个育儿过程中，都可能感受到母亲支持缺位的坏处，但在最初几周，当我们还在学着如何当妈妈时，这种感觉会尤为尖锐辛酸。

没有母亲呵护的新妈妈

那些没有母亲、大家庭、伴侣或朋友支援的新妈妈，不管她们准备好没有，都会被一下子推进这个困境。你只能选择下沉或奋力划水，或者两样同时做。不过即使有人能帮你，也不意味着你一定能够得到呵护。当今社会，许多女性都坚信，她们必须自己搞定一切。许多人在工作上是很有能力、很独立的，于是也会带着同样的观念去照顾孩子，但在这个新领域，这样做是行不通的。我当时就是这样。

我刚出院没几天，走路还一瘸一拐的，剖腹产的伤口还在作痛，就已经要开始洗衣服了。尽管累极了，我还是要给来家里的客人泡茶，而没生孩子的他们却坐在沙发上分享着见闻。我没有叫人帮我，正因为如此，没有人知道我多么渴望被呵护。我渴望有人跳出来，帮我叠洗好的衣服，渴望有人给我端来一杯茶，而不是让我伺候别人。而我那段时间最最期盼的，还是有人能读懂我的需求，而不用我自己说出来，我盼望有个妈妈一般的人能满足我。这是我的需求，而我的宝宝也同样需要我为他做这些。

许多刚出院返家的女性就是得不到来自家人、伴侣、朋友的支援。克里斯蒂亚娜·诺斯拉普（Christiane Northrup）博士强调，这将增加母亲们患上产后抑郁症的风险，而产后抑郁是颇为常见的，大约10%～17%

的女性都会有。她也列举出产后抑郁的高危因素，其中就包括缺乏情绪和身心的支援，以及和父母关系恶劣等。① 她还指出，在发达社会，大多数女性育儿时都是与世隔绝的，她们出现产后抑郁的概率远远高过发展中国家的女性。尽管发展中国家可能贫困，或面临着其他挑战，但妇女们更有可能获得家人的支援②。

被拥抱的体验

对于没有伴侣帮忙，没有家人、朋友支援的母亲们来说，下一步通常可以选择向儿童健康护士或产后护理中心求助。然而不幸的是，就像分娩支援中心和妇幼医院经常良莠不齐一样，选择产后护理也是要碰运气的，服务质量取决于不同机构的政策、不同治疗师的方法和个性等因素。

向儿童健康护士或其他专业人士寻求支援，你不仅可以得到有用的信息和建议，还可以和别人比较自己养育孩子的经历，这个过程很像是被人"拥抱"。③

育儿顾问、家庭医生、儿童健康护士们都能为家长提供空间，解决

---

① 出自克里斯蒂亚娜·诺思拉普所著的《母女智慧：身心健康的遗赠》(Mother–Daughter Wisdom: Creating a Legacy of Physical and Emotional Health)，纽约兰登书屋出版社。
② G.斯特恩（G.Stern）及L.克鲁格曼（L.Kruckman）发现，许多产后问题，包括产后抑郁，在许多发展中国家是不存在的。相反，发达国家约有14%的女性患有中度至重度的产后抑郁。——出自G.斯特恩、L.克鲁格曼所著的《产后抑郁的多学科观点：一份人类学评论》(Multi-disciplinary Perspectives on Postpartum Depression: An Anthropological Critique)，刊登于《社会科学及医学期刊》(Social Science and Medicine)，1983年，第17期，第1027—1041页。
③ D.W.温尼科特将"抱持性环境"形容为家长给孩子提供的安全、信赖的环境，此外，治疗师也会为客户提供类似的环境。——出自D.W.温尼科特所著的《成熟过程与促进性环境》(Maturational Processes and the Facilitating Environment)文献集，伦敦霍加斯出版社，1965年。

他们的忧虑和挣扎，让他们感觉到被人倾听和回应，并用这样的方式为妈妈们提供支援，提供力量和鼓励。

如果支援服务提供得宜，将会给母子关系带来难以置信的正面效果。我生第一个孩子的时候，就有儿童健康护士上门提供支援。当时我苦苦挣扎着想要了解勃朗特，读懂她给的线索，满足她的要求，但我却是那样迷茫。而这个女子的出现，就像是给我绷紧发麻的神经抹上了舒缓软膏。每次到访，她都温柔地关心着一切事物，关心我的感受，聆听我方方面面的焦虑。她一直在鼓励我，即使勃朗特体重增加了一小点，她都会留意到，好像每一小点的进步都值得庆祝一样。她十分关心我，提醒我不要太快减肥，要好好吃饭，维持母乳分泌，并且要好好休息。她和我分享自己的育儿经验，分享她当新妈妈时的挣扎，安慰我说当妈妈的确是一件很难的事。

当时与世隔绝的我十分渴望这样的接触。我需要知道，不只是我一个人会有这些挣扎，我要知道我和勃朗特最终可以安然地度过最初这几个月。而且，她并没有喋喋不休地跟我说不能喂配方奶粉，而是把焦点放在我和孩子的关系上，询问我"对女儿的感觉如何？"。当我试探性地提到，现在每天生活中都是哭泣，我有时会觉得绝望、沮丧，她也并不会以此来评判我。相反，她认可我的感受，鼓励我认识并说出自己的忧虑，让我知道有时我也需要从女儿身边离开一会儿，去舒缓自己紧绷的神经。我觉得本质上，她就像妈妈一样呵护着我。

对于处在骇人的前几周的我来说，这些反馈是无价之宝。她对我、对勃朗特、对我俩关系的关切，给我筑造了一个空间，让我能说出那些

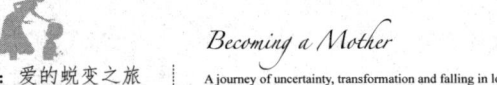

不敢承认的话,让我承认自己有时候做得不够好,承认育儿比我想象的难多了,承认我心底深深害怕自己不是个"合格"妈妈。尽管八年后的现在,我已经不记得她的名字,不记得她长什么样,但我一定会永远记得,是这位儿童健康护士让我知道,除了那些我毫无疑问做错了的事情,也有一些我做得非常非常正确的事。

母亲智慧

妈妈们的亲身经历

在我三个孩子还小的时候,我发现我家附近的儿童健康中心真是天赐之物。我的育儿过程并不容易,我也没有很快进入状态,不过中心的护士们温柔地引导我寻找解决方法,并善良、冷静地为我留出空间,让我能够坦然地谈论孩子的幸福和发展,谈论自己的挣扎。她们始终温暖、慷慨地支持着我。当我突然变成带着三个不到五岁孩子的单亲妈妈时,她们的支持和真诚关心显得那样宝贵。如果没有她们,我想我没法熬过最初那几年。

在"村里"找到慈母般的人

所以,培养母子依恋关系究竟是什么意思呢?当我刚开始写这一章的时候,内特才几个月大,当时"没有母亲呵护的母亲"这件事对我来说十分要紧。我当时要同时照顾一个新生儿和一个幼儿,身心压力极大,

第十三章 母亲们也需被呵护

整个人都在苦苦挣扎。我痛苦地知道，我没法自己一个人搞定，这太难了。如果要熬过最初这几个月，我需要身心两方面的支援。当了母亲以及之后多年的治疗师经历，都让我明白了许多刚生孩子时不知道的事：比如当妈妈是需要许多支援的，在发达国家这点往往很匮乏。老话说"养大一个孩子，需要一个村的力量"，不过对我们许多人来说，根本没有"村"的概念。

我很幸运，有时身边能有这样的"村"，不过其他时候就基本没有。虽然我身边没有一个慈母般的人，但我很幸运有一帮女性朋友，可以或多或少填补这个空缺。我的"村"里还有大量保育员、我家附近可爱的图书管理员，还有几个收养我的阿姨。当我的孩子渐渐长大，我们又有了新的挑战，这个支援网络也开始变化，加入了我儿子的老师、读书俱乐部的美女，甚至还有高斯连锁超市（Coles）里那位经常鼓励我的友好女士。他们都用自己的方式呵护着我。

然而对于许多妈妈们来说，根本感觉不到这种被人呵护的感觉，或是这其中充满着种种问题。她们可能和自己的妈妈或婆婆关系紧张、破裂，甚至形同陌路。这时，一个自己建造的支援网络就显得至关重要，这不仅能让妈妈们保持心智健康，也对孩子的幸福及他们之间的健康关系大有裨益。

我确信，如果母亲们在童年时得到过良好呵护，她们就能更容易地变成"合格"的母亲。不过更重要的是，她们在成为母亲之后，也还是需要被人呵护。在我的职业生涯中，我发现大部分母亲都是与世隔绝地在照顾孩子。我在想，如果她们在当妈妈的初期，能被人精心呵护，能有空间说出自己的焦虑,慢慢学着独当一面,那样会让很多破裂的关系得到修复。当妈妈不易,一个普通妈妈需要力量、勇气和毅力才能成功,要一个人走过这段历程真是太难了。

一些随想

- 对于许多女性来说,最初几个月照顾孩子的压力,可能会让她们开始深深期盼被人呵护。如果你和自己母亲的关系不是那么密切,那么去找寻别的方式满足这个需求吧,这一点是至关重要的。
- 以我当妈妈八年的经历来说,我深信,任何人要想成为一个好家长,都需要一定的支援。而我们太多人是独自熬过这段时期的,鲜少获得鼓励和善意的肯定。
- 新妈妈们很可能自己扛上巨大的重担,一定要独自处理一切事务。我们很害怕向人求助,因为自己的形象是独立、有能力、自给自足的。但成为母亲给每个人都带来了巨大压力,我现在就特别希望自己当时能更多地向人求助,因为那样可以让这段旅程变得不那么孤单。
- 找专业人士帮你,就像挑选朋友一样,需要找对人。如果你在求助时感觉到被人评判、贬低,或是对方没有认真倾听你的话,那就再去别处找找。而如果儿童健康护士可以帮助你发掘自身的智慧,那就一定要拼命抓牢她!

后记

现在我们回头看看那个咖啡馆里孩子不停哭泣的年轻妈妈。我和孩子们就快要离开了，因为装葡萄干的盒子满天乱飞，所有玩具都被玩遍了，勃朗特也快到忍耐极限了。我开始收拾东西，把内特放进婴儿车，抬头时，发现那位新妈妈正在看我。她的孩子终于肯喝奶了，她虽然满脸疲惫，但其中透出一丝轻松。她踌躇着对我绽开了一个疲倦的微笑。

离开的时候，我在她桌旁停了下来。

"你的宝宝好漂亮啊。"我鼓励地看着她，喃喃说到。

"是吗？"她问道，"我不知道，他不哭的时候可能挺好看的吧。"她微微笑了一下，但笑中明显带着痛苦和难过。她整个人显得那样疲惫和疑惑。虽然人人都说她，此时应该会很快乐，但这种快乐看起来却几乎没有容身之地。

我点点头，希望自己的脸看起来是友善、同情的。

"他多大了？"我问。

"四周了。"她一边扭头凝视孩子的脸，一边说到。

我停了下来，她真是太像当年的我了，但我又能对她说什么呢？我俩

就是陌生人,这辈子可能再也不会见面了,我能说些什么来安抚她呢?

"唔……最初几个月是最难的,你会筋疲力尽,要学的东西太多了。当时我的孩子就是连续几个钟头不停哭闹,当然现在好多了。刚开始真是很艰难的。"

这位妈妈转头看我,那一刻,我看到有些东西发生了改变,我觉得她的痛苦减轻了一些,哭泣的背后开始产生了希望。不过也许这一切都只是我的臆想。我转头看勃朗特,她正在戳弟弟的肋骨,还开始拽他的袜子。我翻翻眼睛,说:"当然了,之后还会有别的挑战……"我俩都笑了,那一刻,我们只是处在育儿之旅中不同阶段的两个平凡妈妈,各自面对着自己的挑战。

这本书是写给咖啡馆里的这位妈妈的,是写给每位像她一样的母亲的,也是写给我自己的。我写这本书是因为,在最初那几周,我感觉那么孤独、不堪重负,急需别人来帮助我思考眼前这一切,关于宝宝,也关于我自己。我需要有人帮我说出心中的恐惧,同时不会让我觉得自己是个失败的妈妈。我需要有人告诉我,有一天当我回顾这段日子,我会知道自己已经转变了,我已经成了自己最渴望成为的那种慈爱、自信的母亲。

这位咖啡馆里的不知名妈妈,我希望你也能从那段黑暗的日子里站起身来。我希望每一位亲爱的读者,若你们也在拥挤的咖啡馆里遇见一位疲倦的母亲,或许你可以给她一个微笑……

因为,当一个好妈妈是不容易的,这件事的要求太高了,有时会让我们感觉好像被逼到了极限一样。要让身边每个人都安然度过这个时期，而且宝宝的小屁股还得干干净净的，小肚子得饱饱的，这简直是无法应对的挑战。不仅如此，我们还得很体贴、很协调地带孩子，这些绝对让人难以应对。然后还会有"上一代人的育儿鬼魂"问题……更有趣了，不是吗？有些母亲自己的童年就动荡不安、遭人虐打，但她们还是能从废墟中站起来，给自己的宝宝创造一个安全的成长环境，真是没有什么比这件事更具挑战性了。

成为母亲就是一次旅行，是一次美妙而又残酷的旅行，当我们去爱孩子、了解孩子时，会遇到超出自己极限的挑战。这期间每一天都是不同的，你可能会在同一时间产生筋疲力尽、精彩绝伦、回报丰富、恼怒至极的诸般复杂感受。

然而每一天，这个星球上都有数以亿计的女性在努力朝着"成为普通母亲"这一目标进发。她们大部分人都鲜少夸耀自己，也几乎没人认可她们的努力。太多妈妈可能和自己的父母关系并不好，但她们都在极少有支援的情况下，九死一生地努力给孩子开创出一种不同的亲子关系。这个过程会是十分孤独……残酷的……有时还会有些单调、平凡。

不过，奇迹就在于，尽管她们面临种种挑战，大部分母亲的育儿过程都是那样美妙细腻，令人难以置信。尽管她们每天都很疲惫、疑惑，但当她们凝视孩子的眼睛时，仿佛在里面看到了天堂。

这就是好母亲的精髓所在。要成为好母亲，我们不一定要是完美的，不一定要永不犯错，不一定非要喂母乳，不一定非要用挂带背宝宝，不一定非要和孩子一起睡。你的孩子不一定要完全守规矩，永远快乐，才说明你是好妈妈。重要的是母子间的感情，重要的是，即便你会发脾气，会睡眠不足，但你依然觉得，熟睡宝宝的脸庞是这个世界上最美丽的东西。

对于孩子来说呢？他回望着母亲的眼睛，看到里面映出了一些非凡的东西：那就是他自己，那样美好的自己……

致谢

写作是个孤独、充满疑虑的过程。不过有些人让这个旅程变得不那么困难,并帮我把这份手稿,从一个缺觉母亲半夜胡乱的苦思冥想,变成了可能真的会有人去读的东西。

我要感谢我的发行人雷克斯·芬奇(Rex Finch),你给了一个不知名的作家机会,并相信我有话可说。是你的智慧和忠告将这本书塑造成了现在这个样子,比原本要好得多。也要感谢萨曼莎·迈尔斯(Samantha Miles)和她十分有才华的编辑团队,你们耐心地纠正我的标点符号问题,完善我的手稿,让它变得闪闪发光。你们帮我从树林中挑选出木材……而且我的手稿真是很大一片林子。

刚开始写这本书的时候,我只告诉了很少几个朋友,他们都很善良,没有人嘲笑我,而是鼓励我一直写下去。我要特别感谢默里(Maree)、苏珊娜(Susannah)、塔克(Tach)、西莉亚(Celia)、我的姐妹米歇尔(Michelle),还有影子姐妹读书俱乐部(Shadow Sisters Book Club),感谢你们一直以来的支持和智慧。我希望每个人的生命中都能有这样的朋友。

成为母亲：爱的蜕变之旅

过去六年中，我身边也一直有许多美丽的女性，有些是朋友，有些是家人，她们都耐心听我诉说写作中的焦虑担忧，给出真挚的建议，她们帮我试读章节，并分享自己的育儿故事。虽然我无法在此列出每个人的名字，但若你曾经很友善地为我做过上述这些事，那么你对本书的出炉就起到了至关重要的作用，我在此表达深深的感激。

我还要特别感谢我生命中所有的母亲——我自己的妈妈贾尼斯（Janice），是你让我懂得了善良的价值，还有总是张开双臂欢迎我的梅丽尔（Meryl）。还有奥德丽（Audrey）和琼（Joan），你们是世上最好的阿姨，是你们的智慧让我的世界变得更清晰，让我的精神变得更轻松。还有帕米（Pammy），喝了你那么多杯茶，和你聊了那么多次天之后，我终于做到了，是你引领我走到这里，我可以听到你在天堂里给我的掌声。

最后而且最重要的是，感谢你们，史蒂文、勃朗特和内特，你们的信念从不动摇，你们的爱永不终结。你们的存在，给我的生命增添了无穷的意义，让我的生命变得如此丰富，丰富到都无法用语言形容。你们就是我温暖的港湾。

推荐书单

市面上有许多关于育儿的出色书籍，尤其那些关于和宝宝建立健康依恋关系的，尤为值得一读。由于数量庞大，难以尽列。下面我会列出对我大有裨益，或曾深深触动我的书，如果你有兴趣进一步了解亲密关系的形成，可以去读。除此之外，所有D.W.温尼科特、约翰·鲍尔比、皮特·冯纳吉、斯坦利·格林斯潘、威廉·西尔斯、玛丽·梅因（Mary Main）的作品，都展现出对这一话题的丰富理解。

《儿童敏感期全书》，布雷泽尔顿著，美国艾迪生维斯理出版社，1992年。

《帮助孩子在变化的世界中感到安全和自信》（*The Secure Child: Helping Children Feel Safe and Confident in a Changing World*），斯坦利·格林斯潘著，马萨诸塞州纽机豹莲卡波出版社，2003年。

《如何让你的孩子安睡？》（*The Happiest Baby on the Block: The New Way to Calm Crying and Help your Newborn Baby Sleep Longer*），卡普（Karp）著，纽约矮脚鸡出版集团，2002年。

《你的神奇宝贝》，克劳斯、M.H.克劳斯著，马萨诸塞州剑桥珀修斯图书集团,1998年。

《用心教养:宝宝0-1岁的睡眠、喂食、温柔呵护》(*Parenting by Heart: Sleeping, Feeding and Gentle Care for your Baby's First Year*),麦凯(McKay)著,澳大利亚墨尔本企鹅出版集团,2011年。

《宝贝是天生的社交家》(*The Social Baby*),默里(Murray)著,英国里奇蒙出版社,2000年。

《依附关系》,牛顿著,加利福尼亚州奥克兰新先驱出版社,2008年。

《发自内心地育儿》,西格尔、哈策尔(Hartzell)著,美国企鹅出版集团,2004年。